初心者でも必ず上達する

ジョギング＆ランニング入門

マイナビ

はじめに

ジョギングは、アメリカのジェームス・フィックスが自分に合ったペースでのランニング（ジョギング）が、減量や健康増進にとても効果的であることを、著書『奇跡のランニング』（1977年）で伝え、世界的に広まった有酸素運動のひとつとされています。

本書では、「1秒でも速く走ろう」とか「少しでも順位を上げよう」といったいわゆる競技志向、競技スポーツの視点や捉え方はしていません。自分の体力・体型・体重に見合った、無理のない走り方で運動を取り込むこと。その運動によってもたらされる効用（発汗による爽快感、運動刺激による心地よい筋肉の疲労感、走り切った後の達成感、継続することで得られる減量効果、食事制限のない解放感など）は、枚挙のいとまがないほどです。

世界の流れは後に日本にも伝搬し、70年代後半には一大ランニングブームが到来します。当時の日本では、長距離走は駅伝やマラソンといったいわゆる競技スポーツとして普及しており、一般庶民は観戦する、「観るスポーツ」でした。ところが〝ジョギング〟の到来によって、老若男女それぞれで自分の身の丈にあった走り方で楽しめる、という認識が広まり、それまでの概念が一気にくつがえりました。思い思いの服装・グッズ・シ

チュエーションでジョギングやランニングを楽しむようになっていったのです。

80年代に入り、フルマラソンの大会が開催されるようになっても、ランニングの普及は衰えず、愛好者の年齢層も中高年から若者たちへと広がりました。現代では、若者が愛好者の半数を超えるまでに変化してきています。

2007年に東京マラソン、湘南国際マラソンなどのマンモス大会がはじまり、全国各地で次々にフルマラソンが開催され、この頃から市民マラソンは一大隆盛期に入っていきます。

ジョギング・ランニングのブームが定着し、いろいろなランナーを見てくるなか、一方で経験のない人やこれから始めてみようという人たちにとってのガイドラインとなるものが、意外と少ないことに気づきました。本書は、「ジョギングとは？」を基本から説きつつ、ジョギング・ランニングの間口の広さと奥行きの深さを語りたいと思います。

走りによって生活や仕事、交友関係、果ては生きることの意味すら変わってくる。それほどランニングは素晴らしい可能性を秘めたスポーツだと思っています。

「楽しむジョギング」で、フルマラソンの完走までを目指す醍醐味と達成感、素晴らしさを読者のみなさんにお伝えする一冊となれば幸甚です。

坂本雄次

Contents

PART 3 カラダと歩きを見直す

PART 4 マイペースが鉄則！ ジョギングを楽しむ

iStock.com/ZamoraA

Contents

iStock.com/ZamoraA

PART 1

こうすれば もっと楽しく走れる

No. 1

心に健全さを取り戻すジョギングのすすめ

ストレス社会といわれる現代において、汗とともに心に蓄積された憤りや苛立ちを解放できるジョギングは、心の健全さを取り戻す時間です。

五感が心地よく刺激され内側から整う浄化のひととき

私がジョギングを始めたのは会社員をしていた30歳のころ。運動不足による体重の増加にあせりを感じ、ダイエットと健康増進を目的にスタートしました。以来、気づけば40年以上も、日常の一部になっています。私が走り続ける理由は、なんといっても普段かけないような〝いい汗をかける〟ことにつきます。汗をかくと、爽快感だけでなく達成感をも得られ、それがまた走ってみようという動機付けになります。走り始めこそ呼吸が苦しくなったり、筋肉が張ったり、瞬間的にキツいと感じることもありますが、徐々にカラダが慣れ、集中力が高まってくると感覚が研ぎ澄まされ、気分は次第に高揚してきます。

四季折々の自然の彩り、におい、空気。気持ちよく流れ出る汗——。1日10分でも20分でも、そんな一切の煩わしさから解放される瞬間を味わうと、簡単には辞められなくなるものです。

継続するにつれ代謝や血流も促進されるので、カラダもどんどん軽やかになります。ランニングを軸に、日常はどんどん輝きを増していくことでしょう。

iStock.com/rprisarn

思わず走り出したくなる5つの魅力

1. 健康増進効果

有酸素運動に分類されるジョギング。無理のない範囲で継続することで、代謝が上がり脂肪が燃焼！ 血行促進＆発汗作用で、カラダの内側からリフレッシュ。心地よい疲労感で、眠りの質が向上するといったメリットも。

2. 達成感と爽快感

走って汗をかくとカラダの生理的な反応として、達成感と爽快感を覚える。ストレス社会のなかで、心に重荷を抱えている人にこそランニングがおすすめ。続けるほどに、日常にほどよい張り合いがもたらされる。

3. スイーツやお酒への罪悪感ゼロ

走ることでしっかりカロリーを消費できるため、過度な食事制限をしなくても体型維持やダイエット効果を感じられる。走ることが習慣になれば、罪悪感を覚えがちなお酒や甘いものも、心置きなく楽しめる。

4. 走力とともに、楽しさが倍増感

継続するうちにカラダや心の変化はもちろん、走力の向上にも感動を覚える。最初は1km も走れなかったのが、5km、10km と走れるようになると、走る楽しさは倍増するもの。大人になってから感じる自身の成長は格別。

5. 新しい輪が広がる感

趣味は思いがけない人との仲を深めるきっかけにもなる。ランニングイベントや、大会などに参加するようになると、走ることを共通項に仕事も住んでいる場所も異なる人との新しい出会いに恵まれ、人生観が変わることさえある。

ファッション性が高まり女性も楽しめるアクティビティへ

減量や健康増進に効果があるとして、アメリカで火がついたジョギングブーム。日本に到来したのは、70年代後半になります。

それまでの日本では長距離走は大学生や社会人が駅伝やマラソンといったいわゆる競技スポーツで、一般の人にとっては観戦の対象でしかありませんでした。ところがジョギングの伝播により、男女問わず誰もが長距離を楽しめる、という認識が広まっていったのです。しかし当時は、40代中盤以降の男性がメインで、女性や若い層の愛好者はごくわずか。そんな、市民ランナー層を大きく変え、さらにマラソン大会隆盛の大きなきっかけになったのが、2007年。「東京マラソン」、「湘南国際マラソン」が相次いで始まったことにあります。

これを機に各種メーカーからは、初心者向けのシューズやウエアが続々と発表され、デザインのバリエーションも一気に豊富に。ファッション性が向上するにつれ、女性はもちろん20代の若者からも注目を集めるようになりました。

このスポーツ市場の活性化はストリートカルチャーも影響を与え、ランニングシューズやウエアを、ファッション感覚で楽しむ人も増えています。

iStock.com/Pavel1964

湘南国際マラソンの参加者の推移

2007年に始まった第1回のフルマラソン大会「湘南国際マラソン」において、2018年までの過去13回分の参加者（20〜60代）の推移をグラフにしてみた。

協力：（株）ランナーズ・ウェルネス

年齢別にみる推移

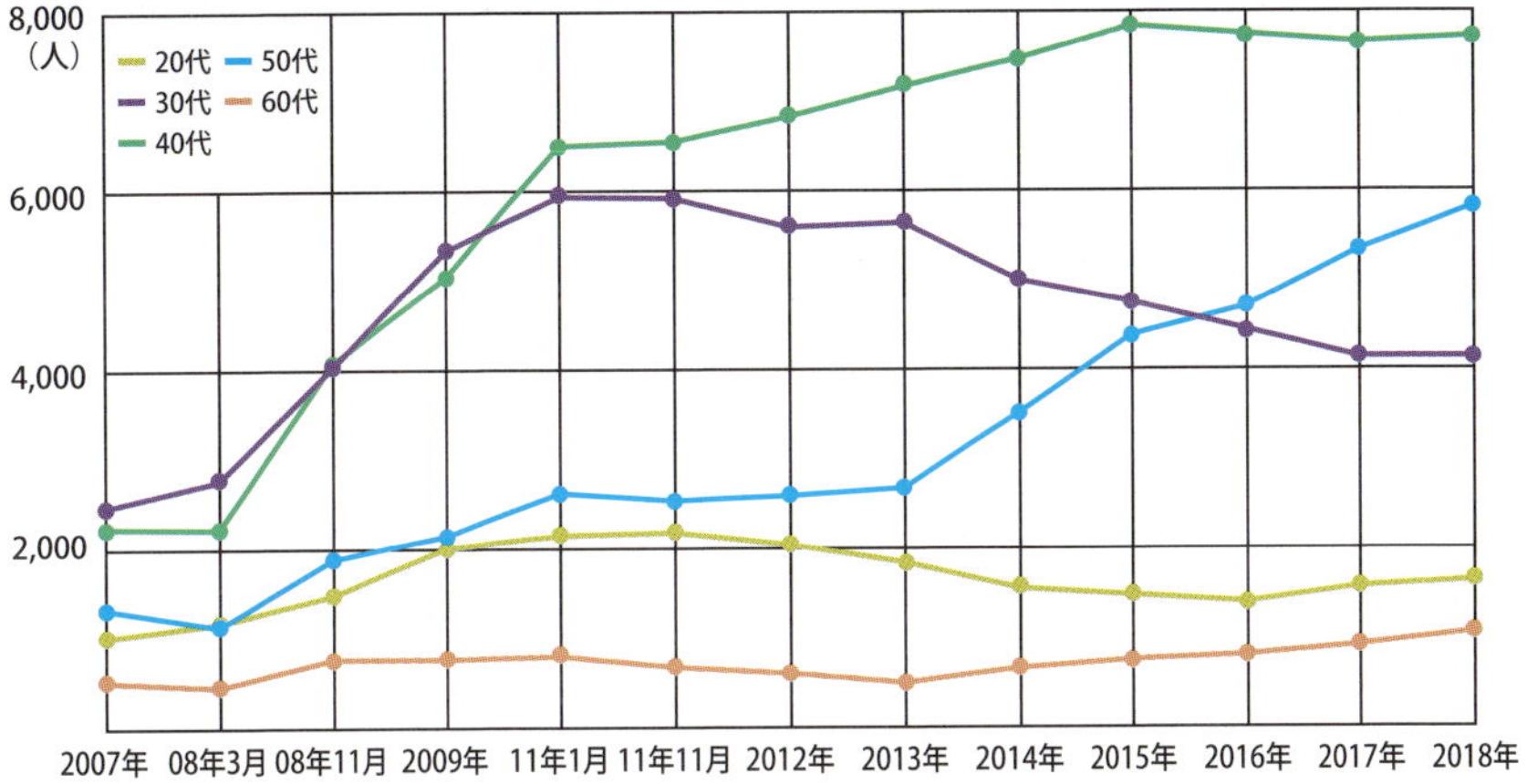

大会発足時から 40 代の参加者が多く、今も 3 割を超える。近年参加者数が伸びている 50 代を筆頭に、20 代、60 代も右肩上がり。

性別にみる推移

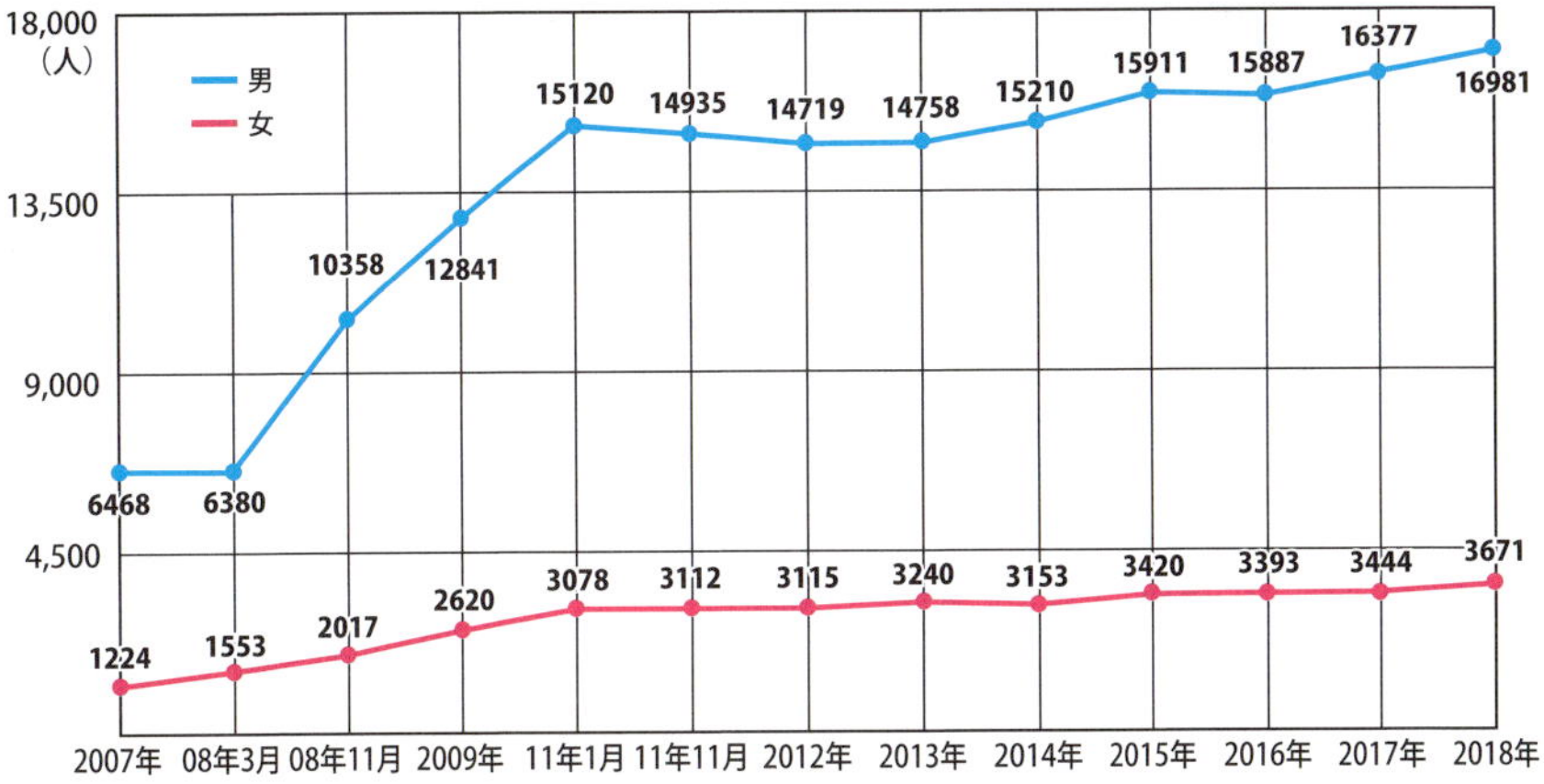

男女ともに、第 1 回大会から参加者は 2 倍以上の増加。男女の割合はほとんど変わらず、男性参加者が全体の 8 割を超えている。

No.2

カラダの声に耳を傾け、自分のペースでゆっくりと

多くの場合、イメージしている走りと現実の走力にはギャップがあります。まずは自分の身の丈にあった歩幅・ピッチから始めることが肝心です。

イメージ先行ではなく〝身の丈〟重視で慎重に

テレビで見かけるマラソンランナーや駅伝の選手たちの走りはかっこよくて、気持ち良さそうに見えます。これから走ろうと思っている人のなかには、そんなアスリートの走りを思い浮かべている人も多いかもしれません。

しかし、実際にカラダを動かしてみると、なかなか彼らのようにはいかないもの。おそらく大抵の人が、イメージと実際の自分の走力とのギャップに驚くはずです。

まずは、自分のカラダと向き合いながら無理のない走りを意識しましょう。過負担にならない歩幅とピッチを維持しながら、全身をまんべんなく使えているか、姿勢が崩れていないか、カラダのどこか一部に力みはないか、あるいは足に痛みがないかなどを丁寧に感じ、もし違和感を覚えたら、そこに負担のかからない重心位置、あるいは姿勢に調整してみる。筋肉や心臓、肺に負担がかからないペースをきちんと把握することも大切です。

そんな風にカラダと向き合いながら練習を積み重ねるだけで、どんどん筋力や心肺機能は向上。3カ月も継続すれば、間違いなくカラダは強化されていきます。

仲間と一緒に、会話をしながらでも息がはずまないペースを、意識してみよう。

快適ランの秘密は〝歩く姿勢〟にあり

楽しく走るポイントは「故障をせずに継続」すること。そもそもランニングは、歩くこと以上に筋肉・関節・循環器（心肺機能）に負担がかかります。たとえば走ることで、ひざや足首には体重の3倍の衝撃が加わるといわれているため、その負荷からカラダを守るには正しい姿勢で走ることが必要です。

　姿勢作りに有効なのが歩くこと。とくに、これまで運動経験が少なく、筋力・体力ともに自信がない人ほど、歩くことから始めるようにしましょう。

　正しく歩けるようになったら、いよいよ走りの実践です。ただ、その際にもいきなり力一杯走るのではなく、段階的にペースを上げましょう。たとえば5kmを目標にしているなら、最初の1kmはアップを兼ねてジョギングで循環器を高めながら股関節をほぐしていきます。2km目からランニングペースに切り替え、次の3〜4kmは、ややギアを上げてさらにペースを1分ほどアップ。最後の1kmはクールダウンに当てます。

　もし、目標のランニングペースで3kmも走れないなら、スピードを落とし、そのペースで楽に3km走れるようになってから、徐々に距離を延ばします。

ウォーキング

かかとでしっかり着地をし、親指の付け根（母指球）で踏切・蹴り出すのが、理想の重心移動。また 1 分間 120 ～130 歩を維持し、視線はまっすぐ前方へ。姿勢を正して、ひじを引くことも意識しながらまずは普通に歩く。次に、歩幅を広げて早足に挑戦。

ジョギング

早足歩きに慣れてきたら、そのフォームのままさらにペースをアップ。上半身と下半身の動きに限界がきたら、そのタイミングで腕振りと足の動きを走るフォームへと切り替えると、呼吸も足の運びも楽に感じるはずだ。この動作が、ジョギングの動き。

ランニング

ジョギングが楽にできるようになって初めてランニングに挑戦できる。ジョギングが1km10 分のペースだとすると、ランニングは 1km 7 分のスピードだ。動きの基本はジョギングだが、さらに腕の振り、歩幅が大きくなってくるイメージ。

No.3

継続の秘訣は“走った後のケア”にあり

ただ走るだけでは、カラダは強くなりません。
かえってケガや故障を招くことにもなるので、特に走った後のケアや補強運動も習慣に。

丁寧なアフターケアで故障知らずのランナーに

走る技術を磨くよりも、アフターケアを習慣化することのほうが、ジョギングやランニングを継続するうえで、とても大切です。

走っているときというのは、おもに足の筋肉を酷使します。酷使するとは〝筋繊維を壊している〟ことでもあるので、筋肉は必ず炎症します。痛みの発生やケガ・故障は、この筋肉の炎症を放置し、疲労が蓄積した結果、引き起こされるもの。つまり酷使した筋肉を、その都度ケアしていないことが考えられます。

ケアのポイントは、まずその日一番負担がかかった部位がどこなのかに意識を向けてみること。特にひざなど、骨と筋肉の起点部分になっているパーツは炎症を起こしやすいので、少しでも痛みや違和感を覚えていたら、すぐにアイシングを。ただ、屋外で準備を毎回するのは難しいので、ストレッチの習慣を徹底することから取り入れてみましょう。

なお、酷使した筋肉には張りが出やすくなります。それは、血液が滞っている証。自宅に戻ったら、張りをマッサージでほぐすことも忘れずに。

その際、強く揉みほぐすのはNG。そっと優しくさすってあげるだけで、充分にマッサージ効果を得られます。

習慣にしたい３つのアフターケア

1.ストレッチ

走ったとの
筋疲労を解消

その場でできるもっとも簡単なケアがストレッチ。習慣化することで筋疲労を素早く改善。次の練習も快適に行えるようになり、走力アップやケガの防止にも役立つ。特に腰・お尻・股関節周辺・太ももの前と裏を入念に。

2.アイシング

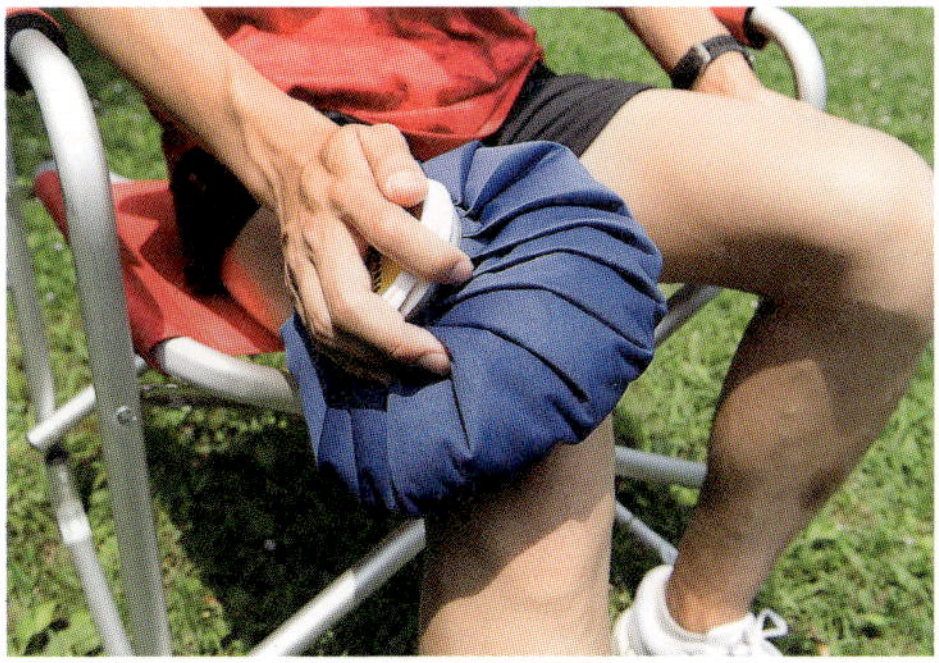

酷使した筋肉の
炎症をケア

カラダのどこかに痛みや張りを感じた際に有効なケアがアイシングだ。氷のうやビニール袋に氷を入れて、患部に７分ほど当てる。あるいは、シャワーを利用して冷水で、最低 15 秒ほど患部を冷やすのもおすすめ。

3.補強運動

補強運動もケガ予防に

効率的な推進力を得られる正しいフォームを身につけることも、ケガ予防や疲労回復には欠かせない。そのためには、走る動作を支える、お腹や背中の筋肉、またお尻から股関節、太ももにかけての“体幹部分”を鍛える補強運動を習慣化することも大切。

No.4

小さな達成感の積み重ねが大きな成果に

自らの意志で自分のカラダと向き合い、走ることを日々継続することで、小さな達成感が生まれます。小さな達成感の積み重ねが、走る楽しみと次の目標へと導いてくれます。

新しい自分に出会える走ることの真の醍醐味

練習が終わった直後の「ああ今日もやった！」という、走った人にしかわからない、えも言われぬ小さな達成感と充足感。これは自らの意思でカラダと真っ向から対峙するスポーツだからこそ、実感できる醍醐味ともいえます。

　また、健康管理やストレス解消、ダイエットなど目的はなんであれ、練習はあなたを裏切りません。やればやったぶんだけ確実に筋力・走力は向上していきます。それは私自身も実感していること。

　健康のために走り始めた30歳の頃の私は、１㎞ほどの距離でも途中で休憩を入れなければ走り続けられないほど、筋力も走力も備わっていませんでした。それが、毎日コツコツ走っていたら、やがてフルマラソン、果ては１００㎞のウルトラマラソンまで走れるようになったのですから、その変化には自分でも驚くばかり。

　苦しい練習はしていません。自分の体力と相談しながら、その都度できることだけを精一杯積み重ねた結果です。

　私のように、無理をせずとも日々継続してきたことは、必ず何らかの成果をもたらしてくれます。

走力や筋力が育ってきたかなと感じたら、「大会参加」という刺激剤で自分を確かめてみると、新たなランニングの醍醐味と達成感、新世界を味わえるはずだ。同時に、かつての自分よりもひと回りも、ふた回りも強くなった、成長した自分に感動することだろう。

No.5

走りを楽しみながら習慣化するためのコツ

強制的にやらないことが、楽しむコツ。
そのうえで、自分の体力やライフスタイルに見合った練習メニューを構築していきましょう。

週3回の練習時間の捻出からスタート

忙しいときは無理をせず、疲れたときも同様に、練習のコントロールをするというのが、基本のスタンスになります。そのうえで、ジョギングを日常に定着させる一つの目安になるのが、週に3回走ること。

たとえば、1km6分30～45秒の速度で週3回のランニングを始めた人が2カ月継続できたら、ほぼランニングが定着してきた、と判断できます。週3回、走ることが定着すると生活にメリハリができてくるから不思議です。次第にカラダにも変化が現れてきます。もっとも顕著なのは、体重の変化でしょう。カラダが徐々に軽くなってくると、それだけでモチベーションは上がるもの。そのうち、週3回のトレーニングでも疲れにくくなっていきます。週3回の練習でも、筋肉と心肺機能は十分に強化されるのです。

あとの練習の回数は、体力と練習に費やせる時間に応じてスケジュールを組み立てます。サラリーマンやOLの場合は、生活のパターンが決まっている場合が多いので練習も組み立てやすいはずです。

できれば、週5回くらいまでは引き上げてほしいところですが、「やり過ぎない」ことが鉄則です。

ジョギングの習慣化に欠かせない 5つのポイント

1. ダイエット効果を感じる

走ることの最大のメリットともいえるのが、食事制限なしに健康的にヤセられること。その変化を実感すると、一層走ることが楽しくなり、さらに脂肪が燃焼！ これをモチベーションに走ることを習慣化させていく。

2. おしゃれを楽しむ

カラダがシェイプさてくると、体型を気にして着るのをためらっていた服や、ランファッションにも挑戦できるようになる。そんな、おしゃれを楽しむことも走るモチベーションになり、ジョギングの習慣化を後押しする。

3. 時間を有効活用

無理は禁物だが、週に３回走る時間を捻出できるようになると、次第に日常のなかに定着。不思議と、仕事の時間も、プライベートも自覚的にメリハリを持って取り組めるようになるので、１日の充実度がぐんと増す。

4. 睡眠時間をしっかり確保

走る習慣を定着させるには、その日の疲れは、その日のうちにケアすることが重要な鍵を握っている。その最善策が十分な睡眠時間を確保すること。走った後のケアとともに良質な睡眠を心がけよう。夜更かしはNG。

5. 健康的な食事を意識

食べることも走る練習の一環。糖質・たんぱく質・ビタミン・ミネラルのバランスがとれた食事が、走力アップの秘訣にもなる。走ることをとおして、カラダが喜ぶ食事にも目がいくようになると、さらに健康増進効果も向上。

iStock.com/west

困ったときのQ&A その1

Q 長く走れない

A 筋力強化とストレッチを習慣にしましょう。

筋肉痛かメンタル（心が折れる）に原因があると考えられます。まず筋肉痛。これは初心者に限らず、ランニングがある程度習慣化している中級者以上のランナーにも多々起こることで、問題はどう対処するかです。ポイントは、筋力を強化して筋肉痛になりにくいカラダをつくることと、走った後にストレッチなどをしてケアすることの2点です。

筋力強化に関しては、ランニングの前後に行う補強運動を習慣的に行うこと。具体的にはスクワットやもも上げが有効でしょう。またケアに関しては、普段からしっかりストレッチを行っておくことが大前提です。レース中に痛みが出た場合は、一旦立ち止まり、腰、太もも、ふくらはぎ、足の関節などをストレッチしましょう。低負荷の有酸素運動とはいえ、カラダを動かしていれば筋肉中の酸素量が低下し、乳酸が蓄積されます。そうなると、筋肉の収縮・弛緩力が低下し、筋肉はさらに硬化して、全身の動きが悪くなってしまうので注意しましょう。

次にメンタルですが、これはやはり、「ゴールする！」という意識をもつことが、もっとも大切です。レース中盤以降、残り15〜20㎞あたりは、どうしても気持ちを維持することが難しいものです。そんなときは、「とりあえず、次の給水所まで頑張ろう！」というように、直近に目標設定するのがおすすめ。その積み重ねが、足を前に運ぶ原動力になります。また、給水所のスタッフや、周りにいるペースが近いランナーと会話して、気分転換するのもいいでしょう。

PART 2

ランニングは事前準備から面白い!

No. 1

自分の足にフィットするシューズを見つけよう

走るうえで最も大事なアイテムが専用シューズ。
初心者が履くべき留意点をしっかり踏まえ、最適フィットの一足を見つけましょう。

〝足への負担〟を把握して正しくシューズを選ぶ

走行時、最初に荷重がかかるのがかかと。着地時に受ける衝撃は体重の3倍といわれています。この負担を軽減するためにシューズに搭載されているのがクッショニング機能。かつては、クッショニング＝重たい、といった印象が強くありましたが最近の衝撃吸収テクノロジーは、どんどん進化を遂げ、軽量のものが続々と登場。かつ、着地から蹴り出しまでの足が外側、あるいは内側に過度に倒れ込まない安定性に優れていたり、着地衝撃を推進力へと変換する反発力を両立している、まさにハイスペックモデルが数多くラインナップされています。

ただ、初心者の場合、スピードが出やすいモデルはトラブルの原因にもなるので、シューズを選ぶ際には、ショップスタッフにトレーニング頻度と1回に走るペースや距離を伝え、その走力に見合った機能が搭載されたモデルを教えてもらうようにすると、安心です。

パーツの役割を理解する

インソール
土踏まずのアーチの落ち込みを予防。走行時の疲労軽減を担うパーツ。

履き口
足入れの良し悪しを決めるパーツ。ソフトにフィットするものがおすすめ。

シューホール
シューレースをとおす穴のこと。履き口の近くまで配置されている。

シューレース
靴ひものこと。この締め上げ時の調節によってサイズ感を微調整できる。

アッパー
熱を放出し、足のムレを軽減するために通気性のいい素材を採用している。

ヒールカップ
かかと全体を包み込むようにホールドするパーツ。かかとの安定感を司る。

かかと
シューズ外側（アウトソール）のなかで最も衝撃吸収機能が高いパーツ。

アウトソール
シューズ外側の地面に触れる面。適度な屈曲性があるか否かも見極めポイント。

初心者が気をつけたい４つのポイント

1. シューズの重さ
初心者の場合は重量よりもクッショニング機能を重視しよう。とはいえ、最近は、どこのメーカーも機能が進化しているので、初心者タイプでも軽量なモデルが増えている。

2. アウトソールの厚さ
初級者モデルから上級者モデルまで“厚底”タイプがトレンド。同じ厚底でも、上級者向けはスピードが出るよう前傾姿勢を促す作りになっているので、間違わないようにしよう。

3. アッパーの素材
アッパーの通気性が高いか否かも、走りの質を左右。十分な通気性が確保されていないモデルではシューズ内がムレやすく、それがマメや靴擦れを招く原因にも…。

4. アウトソールの屈曲性
着地時にかかとで受けた衝撃が重心移動をとおして、蹴り出すタイミングで母指球に抜けて前進するのがランニング。屈曲性は、この母指球への力の伝達を担っている。

失敗しないシューズ選びの基本はサイズの計測から

ランニングシューズを分類すると、「トレーニング」、「トレーニングレーシング」、「レーシング」の3つのタイプがありますが、初心者はこのうち「トレーニング」タイプのなかから、足のサイズにフィットするものを選ぶようにしてください。

足のサイズを正しく把握するには、足長だけではなく、足幅、足囲を計測することが必須。最近は、どこのランニングショップにも計測機があるので、まずは足を計測してもらうことをおすすめします。

そして、走力のレベルにフィットしたモデルのなかから、気になったものは必ず試履きをし、フィット感を確認。その際の基準となるのが、次のポイントです。

1：土踏まずと中敷のフィット
2：前足部の幅のゆとり
3：つま先に6〜7㎜のスペース

この3つがクリアできていないシューズで走ると、足への圧迫、あるいはシューズ内での足のぐらつきから靴擦れや故障、足指の爪が黒くなるなどのトラブルが引き起こされやすくなります。

最近ではデザインのバリエーションも増えていますが、まずは機能とサイズ重視で選びましょう。

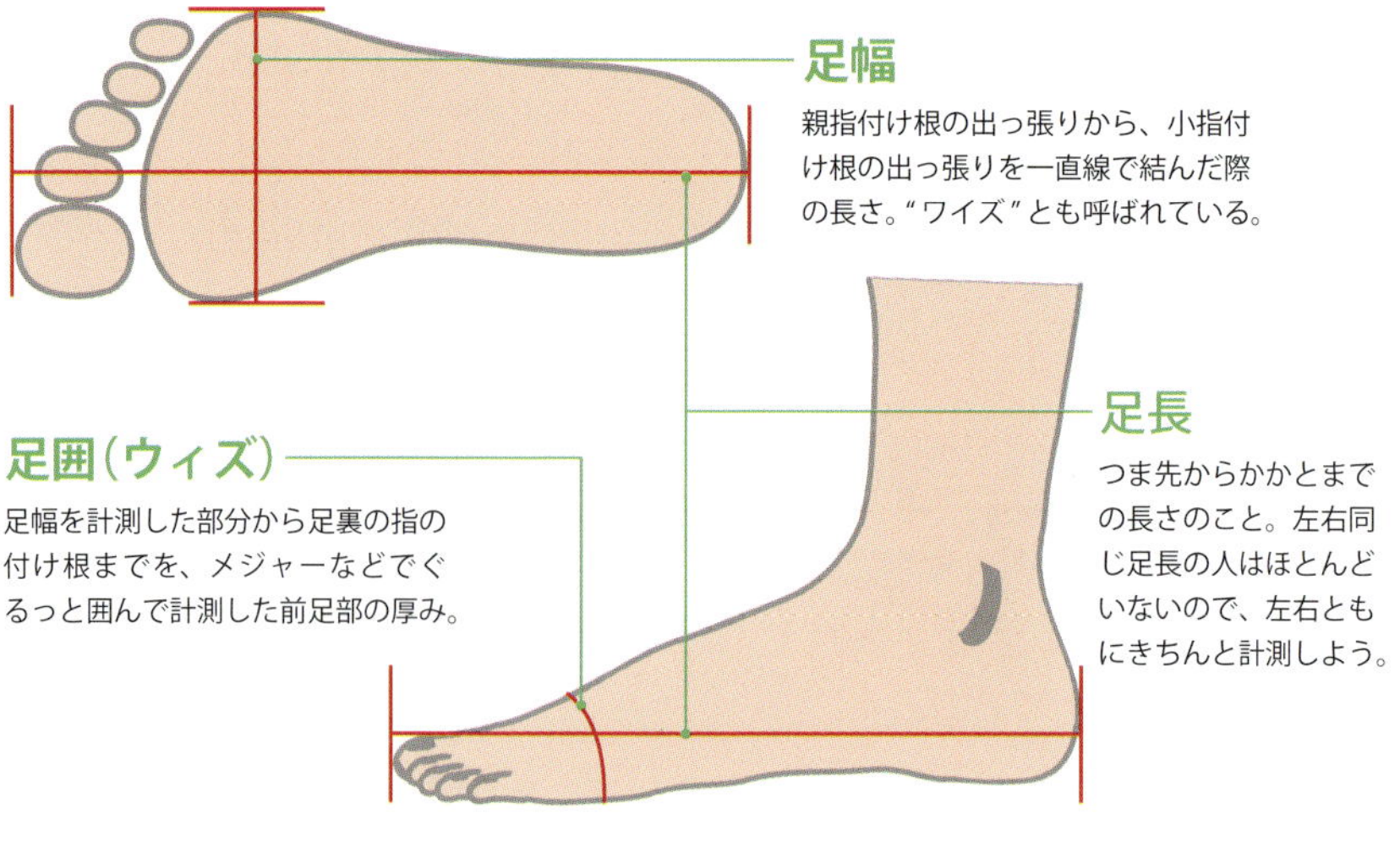
足幅
親指付け根の出っ張りから、小指付け根の出っ張りを一直線で結んだ際の長さ。“ワイズ”とも呼ばれている。
足長
つま先からかかとまでの長さのこと。左右同じ足長の人はほとんどいないので、左右ともにきちんと計測しよう。
足囲（ウィズ）
足幅を計測した部分から足裏の指の付け根までを、メジャーなどでぐるっと囲んで計測した前足部の厚み。

進化が止まらない ランニングシューズの今

**より快適に、より安定した走りを求めて、ランニングシューズが進化を遂げている。
今、どんな進化を遂げているのか？　ビギナーにおすすめの名作モデルを一例に解説しよう。**

協力：株式会社ニューバランスジャパン

NB HANZO U M Y2

ビギナーから、フルマラソン完走やウルトラマラソンなど超長距離レースを目指すランナーまで対応した人気シリーズ「NB HANZO U」の新作。1995年の誕生から、20年以上ランナーの足元を支えた歴史的ベストセラーで、監修を務める坂本先生の指導のもと、多くの24時間マラソンのランナーにも愛用されている。

❶ ソール

足裏全体で、地面にしっかり着地する（フルグラウンドコンタクト）構造。初心者の走る動作は、足裏全体を使う走りになるため、着地面積が広くなり、重心がブレにくく疲れにくい、安定した走りになる。

❷ カウンター

かかとがブレないように、カウンターというパーツを外に露出する形でつけて、安定感を出す。初心者は、フルマラソンを走る時間が上級者よりも長く、その分歩数も多くなる。疲れてくると姿勢やバランスが崩れがちになるが、カウンターがあることで補助の役割を果たす。

❸ オーバープロネーション対策

走っているうちに疲労で足がブレやすくなり、着地した足が内側（親指側）へ大きく倒れ込むことがある。そうなると、ひざや足首の故障にもつながるため、かかとのカウンターを内側だけ大きくしたり、ソールの内側の一部をあえて固くすることで、防止している。

❹ フィッティング

足のサイズ（足長）と同時に、足の幅（ウィズ）を合わせることが重要である。ニューバランスのシューズは複数のウィズサイズを用意しておりどんな足の形にもフィットしたシューズを選ぶことができる。店舗では、知識のあるスタッフの立ち会いのもと、3D計測器で、正確な足のサイズを測ることができる。

Men's ／ Unisex Shoe Widths			
D	2E	4E	6E（G）
やや細い	標準	幅広	超ワイド
Women's Shoe Widths			
B	D	2E	4E
やや細い	標準	幅広	超ワイド

シューズの正しい履き方

1. 足入れしたら、かかとからフィットさせる

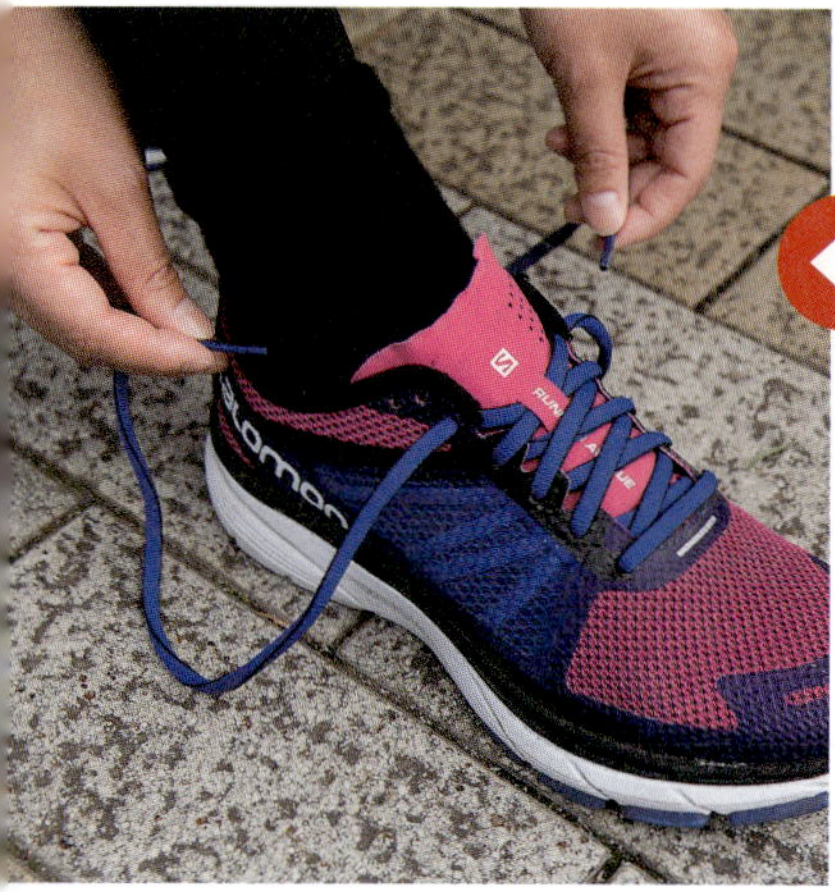

2. シューレースを下から順に締めていく

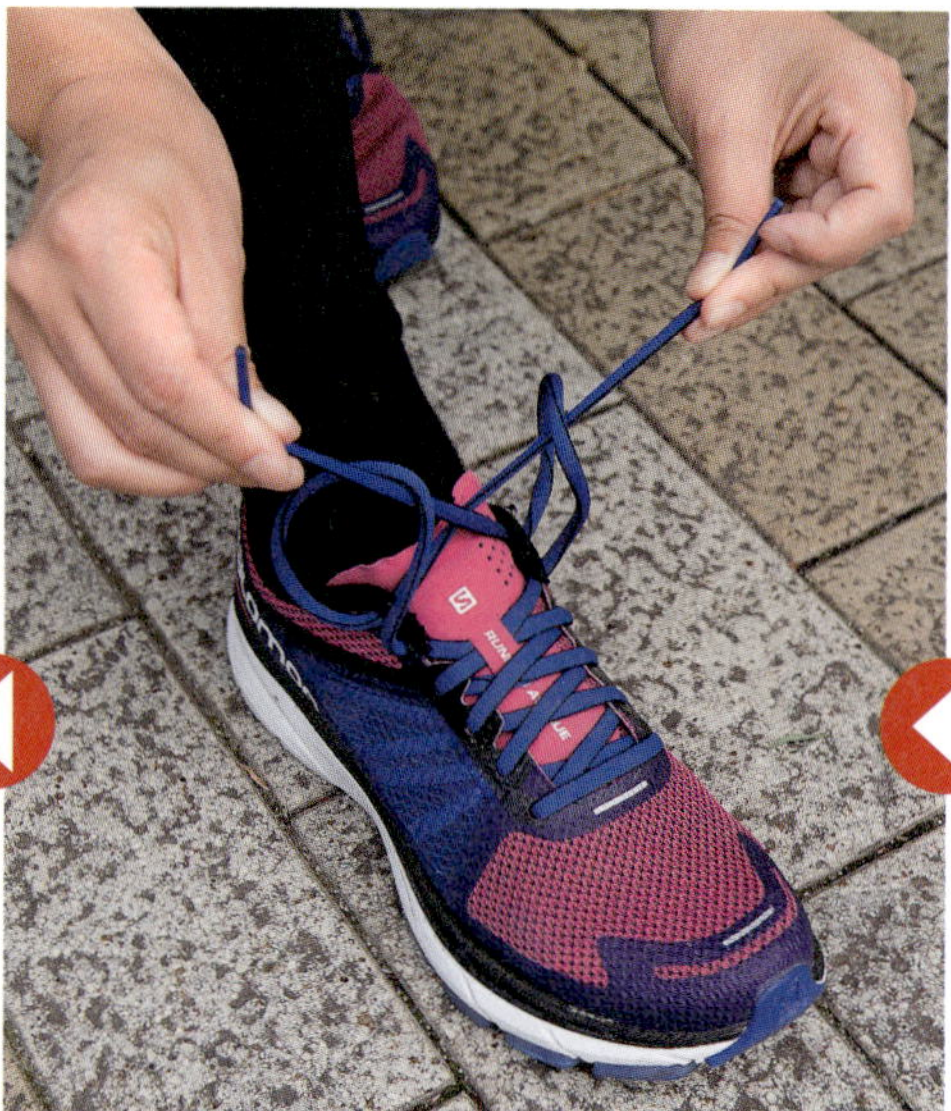

5. 履き口のシューホールに通したひもで輪を作る

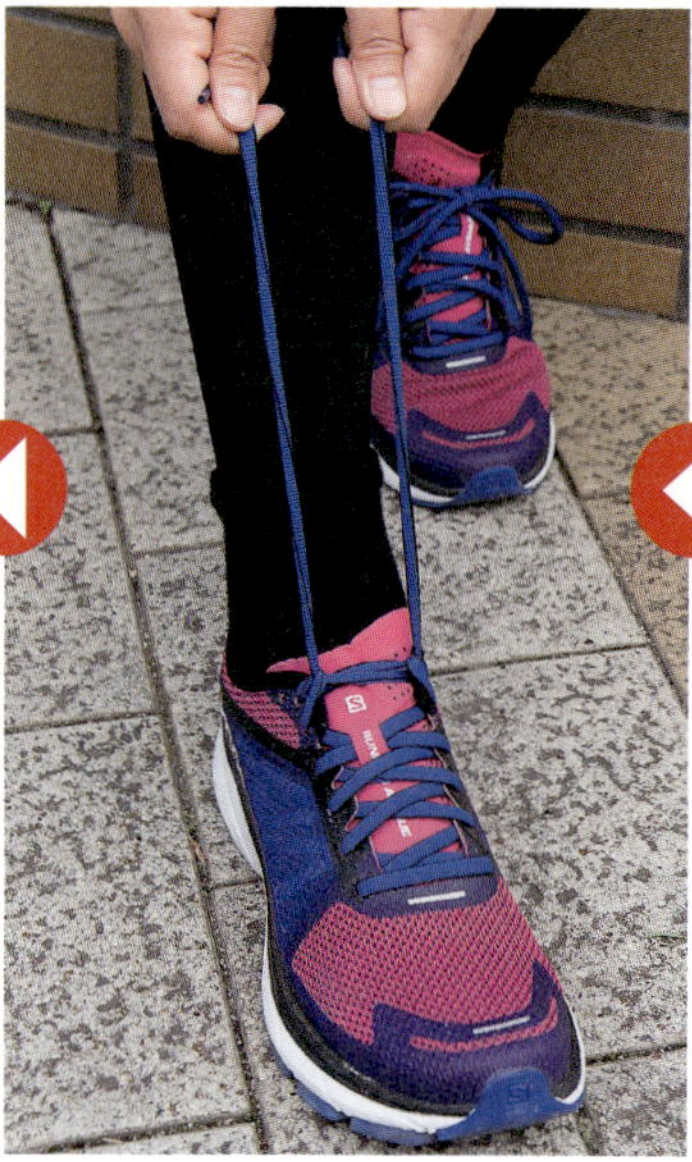

6. 輪の中に左右のひとをクロスさせて通し、引き上げる

3. 履きくちのシューホールにもひもを通す

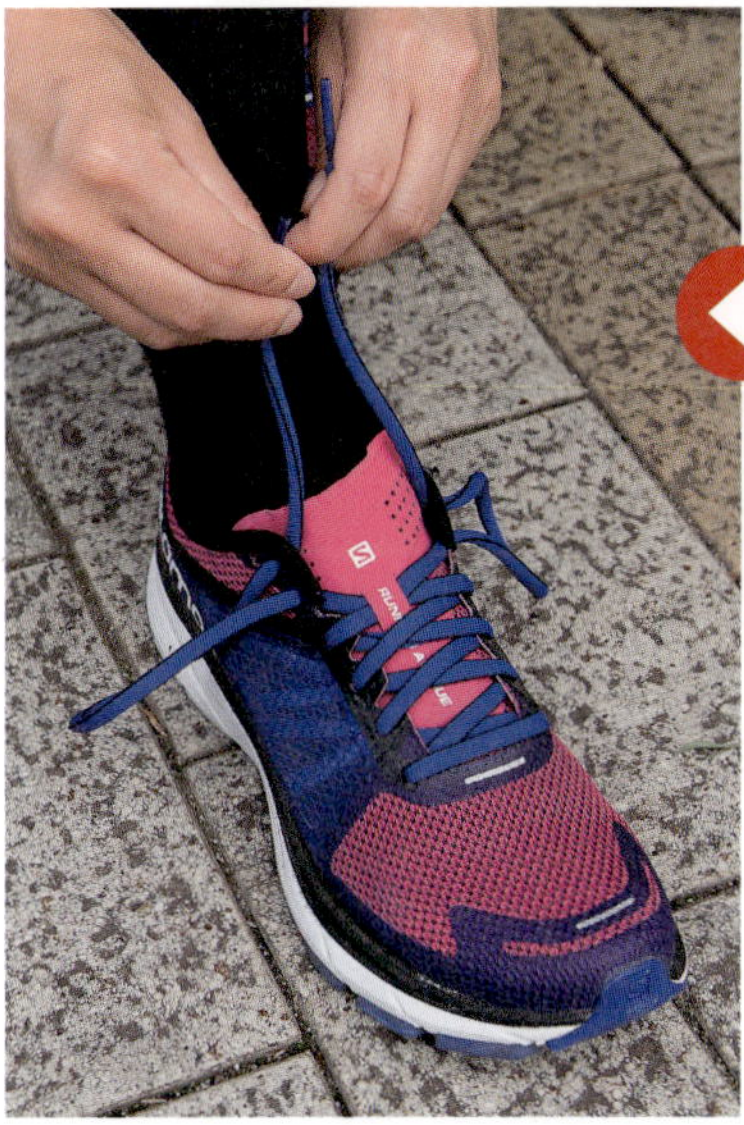

4. 下の穴の次、上の穴にひもを上から下に向かって通す

7. 足がシューズ内で遊ばないようしっかり締め上げる

8. つま先には、6～7mmほどのゆとりがあるのが理想

解けにくい2重むすび

ちょっとした一手間で ストレスなく走れる

シューレースの素材によっては、しっかり締め上げたはずなのに、すぐに解けてしまうものも。シューレースが緩んでしまうとフィット感が低下。ストレスを感じやすく、走りに集中できなくなります。

そこでおすすめしたいのが「2重むすび」です。シューズの正しい履き方で、しっかりかかとにフィットさせてシューレースを蝶々結びで締め上げたら、さらにひもの輪になっている部分を結び合わせるだけ。この一手間で、走行中もシューレースが解ける心配なし！

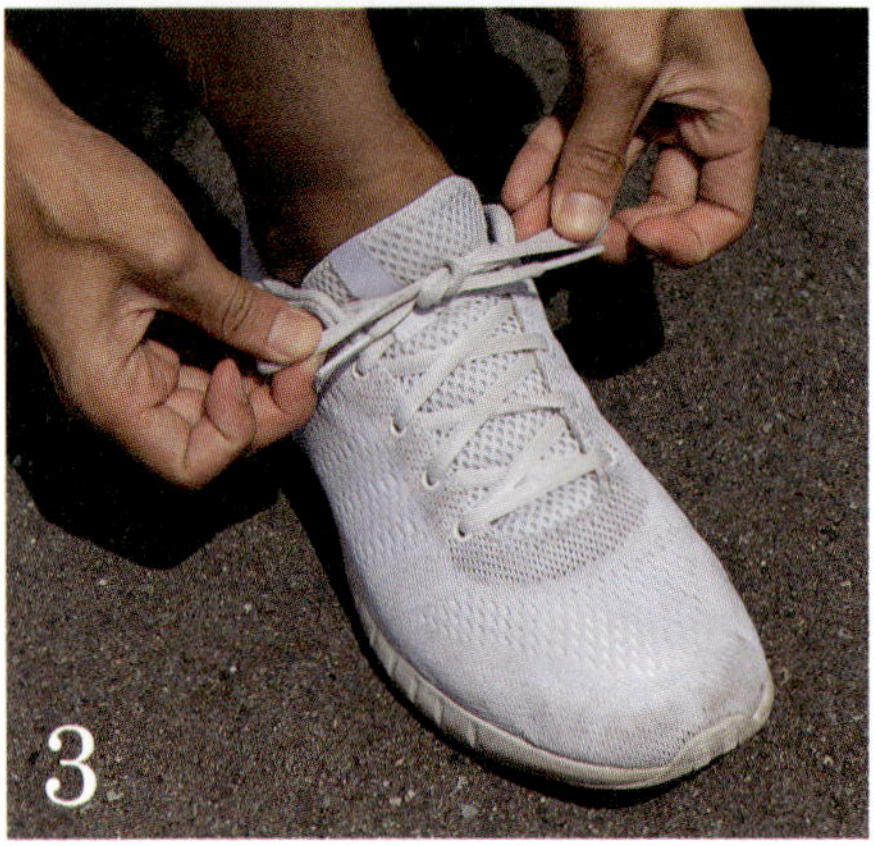

シューズのお手入れ

汗対策を徹底的に。2足〝交互使い〟がベター

最近は、山や川辺に行かない限りどこの街もアスファルトの道がほとんどですから、シューズが汚れる心配は滅多にありません。そのため、シューズ外側の手入れはそれほど意識しなくても問題ないでしょう。ただ、シューズの内側に関しては、定期的な手入れが長持ちさせるポイントになります。

通気性に優れているランニングシューズですが、シューズ内は汗と熱で、水分を含みやすいので、走ったあとはインソールを抜いて乾燥させておくようにしましょう。その際、吸湿作用のある新聞紙をシューズのなかに入れておくのもおすすめです。

また、できれば同じシューズを毎日履き続けるのではなく、フィットするモデルを2足用意し、交互に使いたいところ。そうすれば、毎回走り終わった後、シューズを十分に乾燥させておくことができるので、清潔に長く使い続けられます。

埃などで汚れやすいシューレースは、固形洗剤や中性洗剤を使えば、きれいになりますが、乾くまでそのシューズは履けないので、その際にも2足あると便利です。

No.2

好きなウエアをまとって、スタイリッシュに走ろう

機能性が高く、おしゃれなアイテムが増えています。おしゃれをするためにランニングをしても良し、おしゃれをしてランニングをするのも良し。好きなウエアを見つけてください。

機能的かつファッショナブルなアイテムを見つけ出そう

ランニングブームにともない、多くの人の暮らしに走ることが溶け込みつつあります。皇居ランなどのメッカはもちろん、近頃は街のいたるところでランニングを楽しむ人を見かけるようになりました。

そんなランナー人口の増加にともない、各ブランドからは色とりどりのウエアが豊富にラインナップ。日常とランニングをつなげる、おしゃれなアイテムが増えています。

ただ、快適に走るためのウエアですから、優先すべきはやはり機能性。トップスなら、しっかり汗対策できるか否かが最大のポイントです。加えて、肩甲骨の動きを妨げないかどうか。肌へのアタリは不快ではないかもチェックしておきましょう。肌寒い季節には、着脱しやすい軽量のアウターも重宝します。筋力に自信がない人は、筋肉を補強しながら、効率的な足運びをサポートするテーピング機能や段階着圧設計を搭載したタイツがおすすめ。タイツにレイヤーするボトムスは、足さばきを妨げないものが適しています。

こんなふうに機能を優先しながらも、コーディネートを自由自在に組めるのは、昔にはない楽しみ方のひとつといえるでしょう。

最近のトレンドは、どんな場所にもフィットするモノトーン系。シューズや小物にアクセントになる色みをもってくると、ぐっと洗練された印象に。

スポーツ界をリードする ポリウレタン弾性繊維

ビギナーでも気軽に楽しめるスポーツウエア。ファッション性だけでなく、機能性の高さには目を見張るものがある。ウエアの生地を進化させる合成繊維に迫った。

協力：東レ・オペロンテックス株式会社

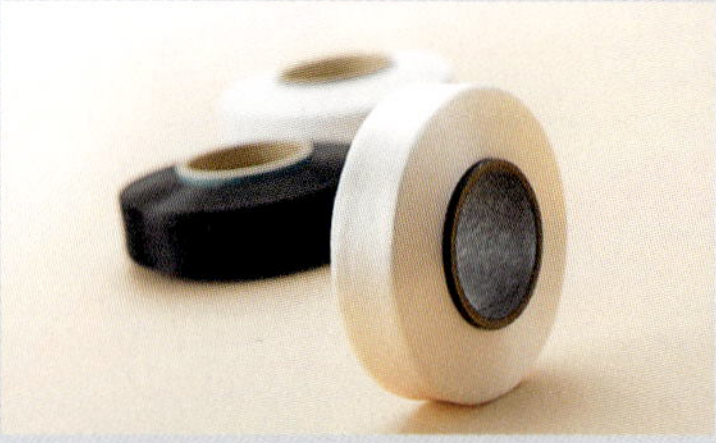

ポリウレタン弾性繊維「ライクラ® ファイバー」

衣類に伸縮性を持たせるストレッチ素材のうち、代表格がポリウレタン繊維。スポーツウエアや水着、普段のアウターやインナー、生活雑貨などさまざまなシーンで使われている。日本では、東レ・オペロンテックスの「ライクラ® ファイバー」が有名だ。

衣類にプラスされる 3 つの効果

「ライクラ® ファイバー」の混用した衣料品は、その優れた伸縮性により、“着心地の良さ”や“動きやすさ”“美しいシルエット”が楽しめる。

なぜ、服が伸び縮みするのか？

「ライクラ® ファイバー」には「ポリウレタン弾性繊維」と「ポリエステル系複合繊維」の 2 種類がある。用途により使い分けられ、編み方や混用する繊維の種類や太さ、密度など、多様なニースに応えられる。

Tシャツやタイツなど、ニット製品の一例

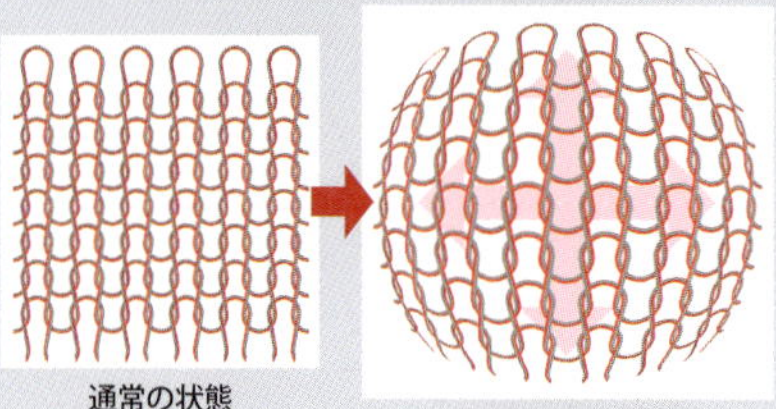

通常の状態　生地が伸びた状態

— ライクラ®ファイバー（ポリウレタン繊維）
— 綿、ナイロン等

ニットの編み目に沿って、「ライクラ® ファイバー（ポリウレタン繊維）」が他の繊維と共に編み込まれている。体の動きに合わせて生地が伸び、そしてまた元の状態に戻ろうとする。この繰り返しが快適な動きやすさの秘密。たるみにくく、型崩れもしにくい。

パンツやジャケットなど、織物製品の一例

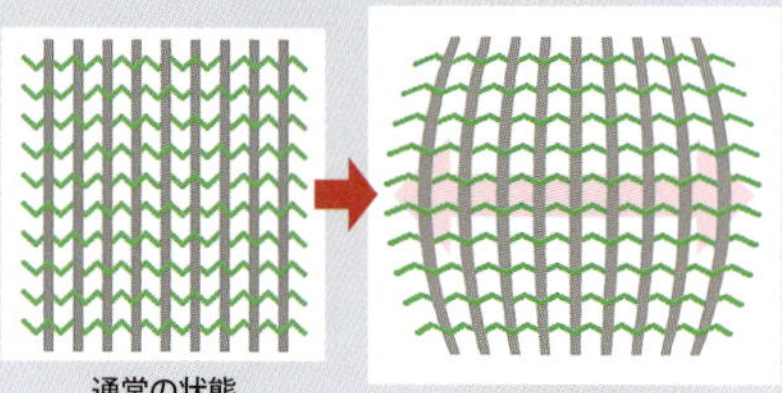

通常の状態　生地が伸びた状態

— ライクラ®ファイバー（ポリエステル系複合繊維）
— 綿、ウール等

多くの場合、「ライクラ® ファイバー」を織物のヨコ糸に使うことで、生地の伸縮性が生まれる。パンツやジャケットの場合、少しの伸びでも着心地の違いが実感できる。また、「ライクラ® ファイバー」を織物のタテ糸とヨコ糸両方に使う場合もある。

ライクラ® は The LYCRA Company の商標です

アイテム選びのポイントをチェック

1. OUTER

寒い季節に必須のアイテム。走っているときに汗で衣服内がムレないよう通気性をほどよく確保しているもの、また軽量かつ脱ぎ着しやすいものが重宝します。

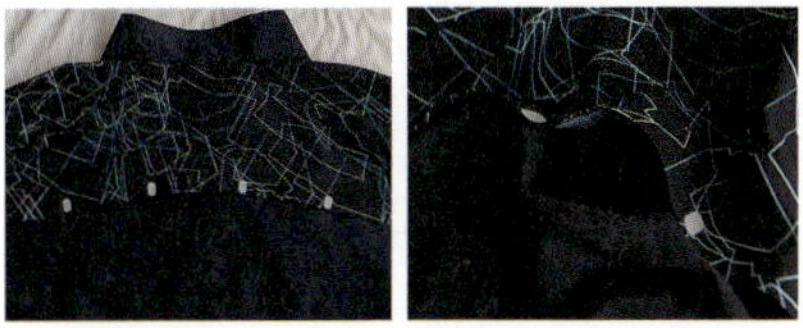

通気性を確保するベンチレーションが配されたモデルならムレを軽減。

袖部分はゴム加工などで、フィット感のあるものだと風を通しにくい。

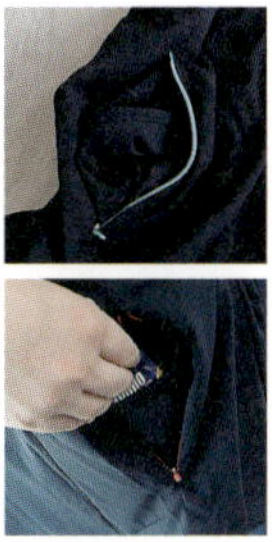

鍵やコイン、補給食などを収納できる内ポケット付きのものも便利。

2. T-SHIRT

肌と接する面の多いＴシャツは、必ず吸汗速乾素材のものを選びましょう。
購入の際には試着をしてみて、肩の動きが妨げられないかもチェック。

夏場は吸汗速乾性に加えて通気性にも優れたメッシュ素材が最適。

肌にまとわりつかない、さらりとした素材のものがおすすめ。

3. SHORT

ボトムスは足さばきを妨げず、かつタイツと重ね着してもかさばらない軽量で薄手のものを。小物を収納できるポケット付きのものだと使いやすい。

機能性を追求した着心地抜群のシンプルな一枚が活用しやすい。

ウエスト部分の内側にもポケットが配されたモデルが増えている。

ジッパー付きのポケットがあれば、貴重品も安心して携帯できる。

4. SOCKS

シューズ内での足のブレや靴擦れ、アーチの落ち込みなどを抑制してくれる専用ソックスも快適に走るうえで欠かせません。

足底に滑り止め素材が配されていればシューズへのフィット感が向上。

クッションパーツつきなら、履き口のアタリが気にならない。

5. BAG

スマホに小銭、鍵…、マラソン大会になればエネルギー補給食も必携です。そんな携帯品をスマートに収納できるバッグも用意しておきましょう。

大容量のベストタイプはウルトラマラソンやトレイルラン時に最適。

ドリンクホルダーがついていると長距離ラン時も安心。

貴重品はファスナーつきのポケットに収納しよう。

ストレッチ素材で腰にフィットするタイプはかさばらずスマートに使える。

ドリンクホルダーつきのウエストポーチもおすすめ。

6. SUNGLASS

年間をとおして降り注いでいるといわれる有害な紫外線からカラダを守るために、長時間外で走る際には専用のサングラスも装着しましょう。

つる
つる部分が食い込まず、心地よくフィットするものを選ぼう。

レンズ
UV カットはもちろん、スポーツサングラスには偏光・調光タイプも。

ノーズ
ノーズ部分でフィット感を調節できるものがおすすめ。

レンズを傷から守るサングラスケース。軽くて丈夫なものを。

7. SPORTSWATCH

ペースの管理、またトレーニング内容を客観的に把握するためにスポーツウォッチも必携。
記録を管理しておくと、今後のプランも立てやすい。

ペースの他、消費カロリーや心拍数を計測できるものも。

GPS 搭載で正確に計測できるものを揃えておこう。

8. ENERGY FOOD

フルマラソンなどの長距離レースでの必携アイテム。走って消耗するエネルギーを素早く補給できます。
最近では、疲労のケアにも役立つ成分が入ったものも。レースを意識するようになったら、目を向けてみましょう。

持久力を後押しするイミダペプチドを配合したゼリータイプの補給食。

たんぱく質の元になる BCAA を摂取できる。全身のコンディショニングに。

少ない量で高エネルギー。かつパフォーマンスを助ける成分も配合。

30 分前の摂取で、運動時に消費されるエネルギーを事前に蓄えられる。

エネルギー源を補給しながら、汗で失われるミネラルも補給できる。

ランナーの強い味方 ケア用品

ランナーをサポートしてくれるアイテムは、まだまだいろいろある。コンディションを考えながら、自分のカラダを合ったアイテムを取り入れよう。

協力：ファイテン株式会社

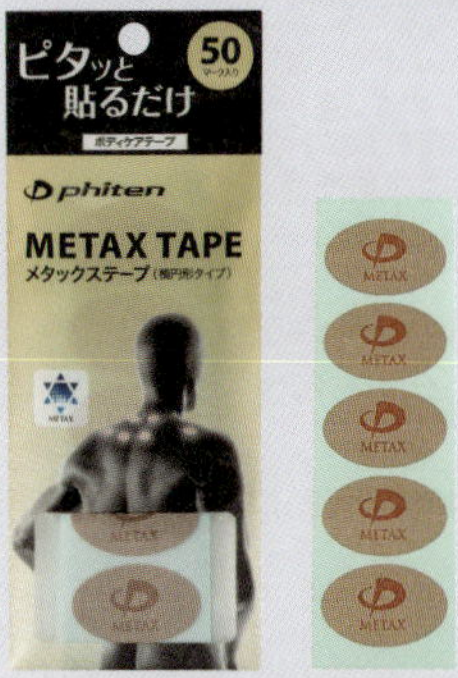

ボディケアテープ

「メタックステープ」。カラダの気になるところに、貼ることでピンポイントサポート。手足の指にも巻いて貼りやすい楕円形タイプ。撥水性に優れ、蒸れにくく、はがれにくい。

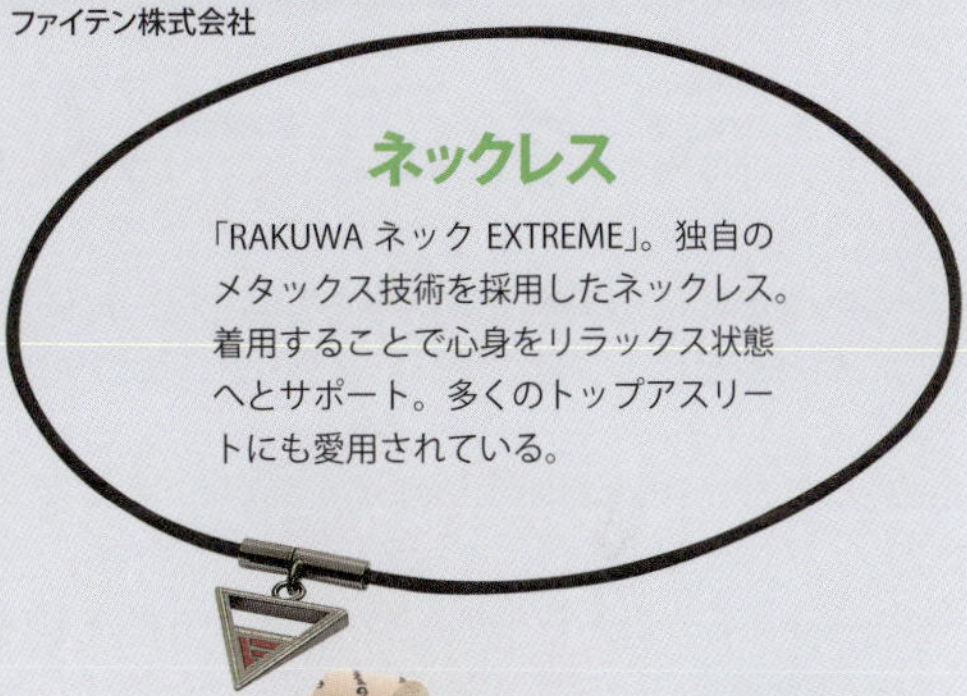

ネックレス

「RAKUWA ネック EXTREME」。独自のメタックス技術を採用したネックレス。着用することで心身をリラックス状態へとサポート。多くのトップアスリートにも愛用されている。

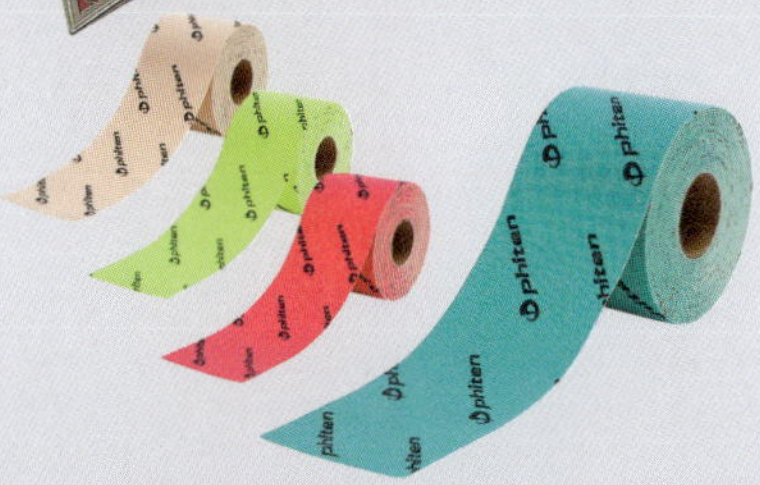

スポーツテーピング

「チタンテープ X30 伸縮タイプ スポーツ」。撥水性や伸縮性などに優れたスポーツ専用のテーピング用品。鮮やかなカラーリングは、ウエアとのコーディネートも楽しめる。好みの長さにカットできるロールタイプ。

マッサージローション

「メタックス ローション 480ml」。マッサージをサポートするボディローション。マッサージはもちろん、スキンケアもサポート。肌はベトつかずサラサラで、使用感も優れている。

ボディケアスプレー

「メタックスＥＸスプレー」（ＵＶカット対応）。ランニングや運動の前後に、カラダの気になるところにサッとひと吹き。撥水性に優れ、UV カット機能もついているので、屋外スポーツにも向いている。

No.3

自分の走りと向き合うマイコースを作ろう

走りを楽しみ、継続して練習するためには、自分に合った練習コースを作ることが大切です。距離や起伏、安全、休憩、景観など、体調や気分に合わせたマイコースを作りましょう。

距離を把握しやすく適度な起伏がある道を

心地よいと感じられるコース、たとえば自然が豊富な川沿いや、信号のない公園。車の通りが少ない道も、安全に走れるのでおすすめです。くわえて、距離表示がされていたり、ゆるやかな起伏がある道だと、効率的にトレーニングができるでしょう。この条件をすべてクリアしているのがランニングのメッカ「皇居」です。走りやすいだけではなく、距離を把握しながら、上り坂や下り坂で筋肉、心肺に刺激を入れることができる。だからこそ、レベルを問わず多くのランナーが訪れるスポットになっているのです。

ランニングは単調なスポーツでもあります。そのため、マンネリ化しやすいので、自宅近くに2～3種類ほどのコースを設けて、気分によって使い分けると飽きずにトレーニングができるはずです。

また、仕事帰りや休日に皇居などの人気のコースに出向いてみるのも、おすすめです。ランナーに人気のスポット周辺には、荷物を預けたり、着替えができたり、シャワーが利用できるステーションも多数あります。そうした場所も上手に活用しながら、いろんなコースでランニングを楽しみましょう。

理想のコースとは？

人気の高い皇居の外周路コース。1 周約 5 km の皇居は距離を把握しやすいので、走力や、体調に併せて距離を調整しやすく、かつ信号がないため集中して走れる。

1. 距離
皇居のような距離を把握しやすい周回コースか、距離表示されている道が最適。

2. 起伏
平坦な道より、やや起伏のある道のほうが脚力や心肺機能を効果的に強化できる。

3. 路面
着地衝撃を緩和できるのは、土や小砂利、ウッドチップなどの柔らかい路面。

4. 電柱
電柱は市街地で 30m 間隔、その他の地域で 40 ～ 60m 間隔で建っている。走る先の距離や速度の目安になる。

5. 路側帯
白線から出ないように真上を走る。そうすることで着地や足並みを整え、フォームを正せる。

6. 自然道
里山や川沿いなどの未舗装路も衝撃を軽減。かつ自然の景色に気分も高まる。

困ったときのQ&A その2

Q 姿勢が崩れる

A 下半身だけに頼らないフォームを身につけよう！

フルマラソンの後半は姿勢にも変化が現れます。よく見かけるのが猫背になっているフォーム。これは、腹筋と背筋のバランスが崩れてくることが原因で、上体が前傾し、腰が後ろに引けてしまっている姿勢です。こうなると、大腿筋（太もも）とでん筋（尻）の力だけで前に進もうとするため、負荷がそこだけに集中してしまいます。この状態が続くと、太ももの張りも一段と強くなり、今度は足裏の蹴る力のみに頼った走りになるので、ひざ関節やその周辺の障害へとつながってしまうのです。

こういった意味でも、背筋（脊柱起立筋）やでん筋（大でん筋と中でん筋）、大腿筋を強化する大切さが理解できるでしょう。

Q ひざ痛が出る

A 背筋、でん筋、大腿筋を中心に強化し、ひざ関節に負担をかけない！

ひざ痛の克服には、一にも二にも、背筋、でん筋、大腿筋の強化が大切です。これらの筋力がしっかりしていれば、ひざ関節は本来の曲げ伸ばしの機能だけを果たしていればいいわけで、関節に余計な負荷がかからなくなります。結果、ひざ周辺を構成している筋肉への負担もグッと軽減できることになりますから、ひざ関節周囲炎の予防にもつながります。

筋力アップの方法としておすすめなのが、起伏のある丘陵地帯やトレイル（山道）を使った練習を積むこと。そうすることで、全身の筋力が強化でき、ひざ痛の発生率を軽減できるでしょう。

PART 3

カラダと歩きを見直す

No. 1

自分のカラダを知る

年齢や体力、経験など、その人に見合ったランニングから始めましょう。無理をせず、ライフスタイルに合わせて練習することが大切です。

ライフスタイルに合わせて練習時間を作り出す

皆さんは自分のカラダをどれくらい理解しているでしょうか。

太り気味の人がいきなり走り出すと、自分の体重を支えられなくなり、ひざや腰を痛めます。そんな人はランニングの前に、体重を落とすところから始めなければいけません。自分が肥満体なのか痩せ型なのか、あるいはガニ股なのか内股なのか……、まずはカラダ（個性）を知ることから始めてください。

楽しくランニングを続けていくには、故障しないことが重要です。そのためには、運動中に起きるカラダの変化に対する処置の仕方を知っておくこと。例えば、走っている途中で「股関節が痛い」「ひざが痛い」と感じるなら、過去に骨折や捻挫を経験したことが考えられます。

もっと速く走りたいと思ったら、弱点を補わなければいけません。市民マラソンで走っていて苦しい時に踏ん張るためには、精神的な強さも必要です。繰り返しの日々の練習も欠かせません。

ランニング初心者が陥りやすい「三日坊主」も防ぎたいものです。無理のない範囲で走れるように、ライフスタイルから自分に合った練習時間を作りましょう。ランニングが習慣化すると、時間の使い方が上手くなるというメリットもあります。

自分のカラダをチェック

視力

ほんのわずかな段差でも、つまずいて転んだり足首を捻挫することがある。夜にランニングをする人は特に注意が必要だ。

心肺機能

有酸素運動の一つであるランニングは、心肺機能を強化する効果がある。心肺機能が弱い人は無理をしないように。

血圧

一般的に、走るスピードが上がれば血圧も上昇する。通常時の血圧がどれくらいかを知っておこう。

体重

体重がある人はひざや腰に負担がかかりやすく、カラダを痛めやすい。体重を減らすには食事管理も重要。

下肢

下肢の骨折を経験した人は、バランスが低下している可能性がある。転びやすい人は、ケガの履歴を確認しておくこと。

O脚・X脚

O脚やX脚の人は、そうでない人に比べてケガをしやすい。ひざへの負担をカバーするシューズ用インソールも市販されている。

ひざ・足首

ランニングで最も負担がかかりやすいのがひざと足首。走り終わった後のケアも忘れずに。

No.2

正しい立ち方を見直す

カラダのパーツが正常に機能すると正しく立つことできます。

まっすぐ立っているつもりでも、横に傾いていることがあるので、チェックしましょう。

正面
鏡やカメラに対して正面に立つ。この時、左右の肩の高さ、骨盤が地面に対して平行になっていることが重要。
肩
左右の肩が地面に対して平行
腰
骨盤が地面に対して平行
足
両足に均等に力が入っている

正しい立ち方を知り疲労を軽減する

「歩く」「走る」などの動作は、脳が筋肉に信号を送ることによって成り立っています。一方で、何気なく立っているだけでも、その姿勢を維持するために腹背筋やでん筋、大腿筋、腓腹筋、前脛骨筋など全身の筋肉が動員されています。

つまり、立つことができるということは、そのために必要なカラダのパーツが正常に機能しているといえるのです。

正しい立ち方を知っておくと、余計な力が働からないので疲労を軽減することができます。おのずと自分の弱点を補えるようになります。

横
横から見た時に、「耳」「肩」「骨盤」「くるぶし」を結んだ線が地面に対して垂直になっているのが理想的。
[後ろ]
[後ろ]

No.3

正しい歩き方を見直す

人間のカラダは十人十色、全ての人がそれぞれの個性を持ったカラダつきをしています。

自分の弱点がわかれば、歩き方も大きく改善できます。

左右の肩はできるだけ地面と平行
背筋をまっすぐ伸ばして正面を見る
リラックスして腕を下ろし自然に降る
足はまっすぐ振り出す

動画で撮影して歩き方を見直す

ちょっと歩くだけですぐに疲れる——。そんな人は要注意。もしかしたら、歩き方が間違っているかもしれません。

猫背になっていたり、ひざを曲げたまま歩いていると、いつかカラダのどこかを痛めてしまいます。健康のために歩いていても、ケガをしては意味がありません。せっかくのやる気も一気に失われてしまいます。そうなる前に、歩き方を改善してください。

自分が歩いている姿をスマホなどの動画で撮影してもらい、一連の動作を客観的に見直してみるといいでしょう。

肩甲骨を意識して歩く
親指のつけ根で蹴り出す
ひざを伸ばす
かかとから地面に着地する

1. 着地

自然に歩いている時は、かかとの外側から着地します。いつも履いているシューズのソールを見ると、その減り具合からどこで着地しているかわかります。あまり意識しすぎず、あくまでも自然に着地するのが理想です。

足を自然と前に送り出す。足を前に出しすぎないように注意

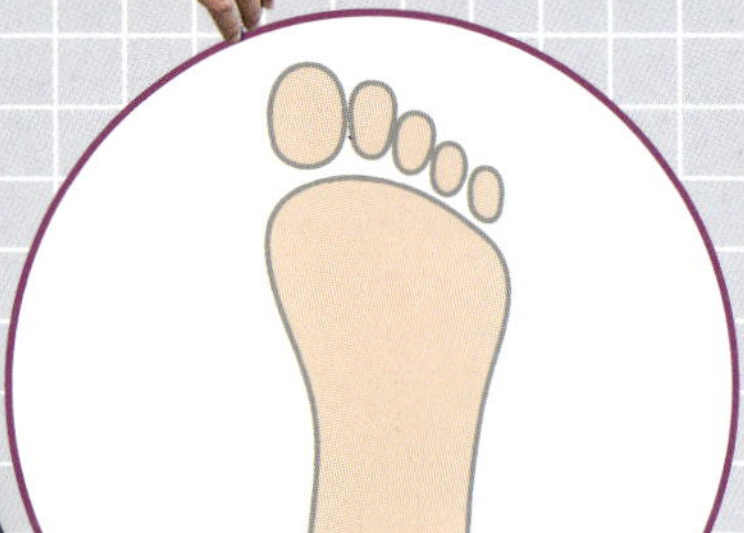

かかとから着地。シューズのソールを見ると外側が擦り減っている

2. 踏み切り

かかとの外側で着地したら、親指のつけ根（母指球）に向けて対角線上に重心を移動させます。これが動作効率的に最も理にかなった踏み切り方。足の外側を使った踏み切りは、ひざや足首に負担がかかるので注意しましょう。

背筋を伸ばし、肩の力を抜いてリラックス

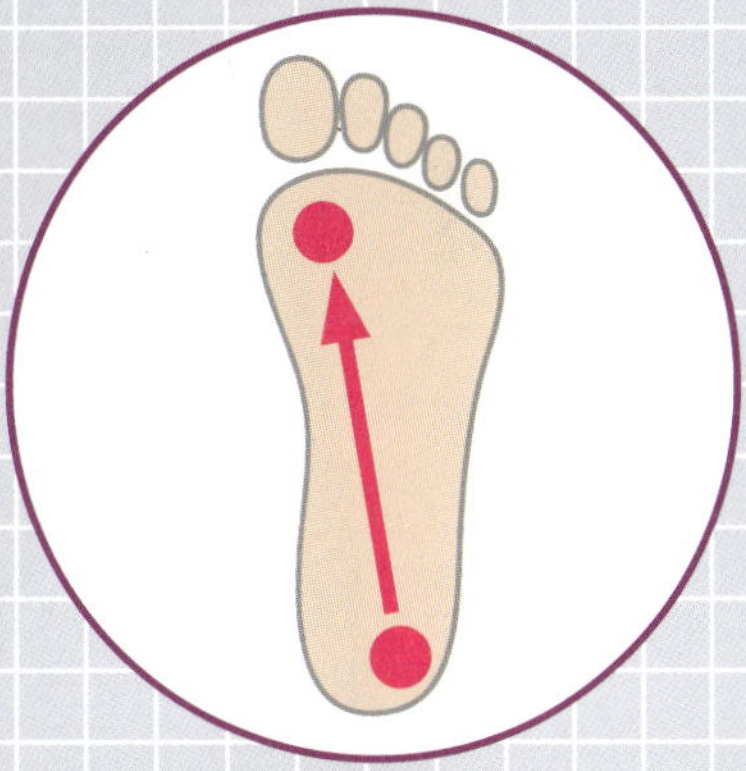

親指のつけ根に向かって重心を移動させる

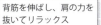

3. 蹴り出し

親指のつけ根を使って地面を蹴り出します。厳しいトレーニングを積み、トップレベルのスピードを求めるシリアスランナーでなければ、特に意識する必要はありません。自然な動作でいいでしょう。

地面を蹴り出す時はふくらはぎの筋肉が働いている

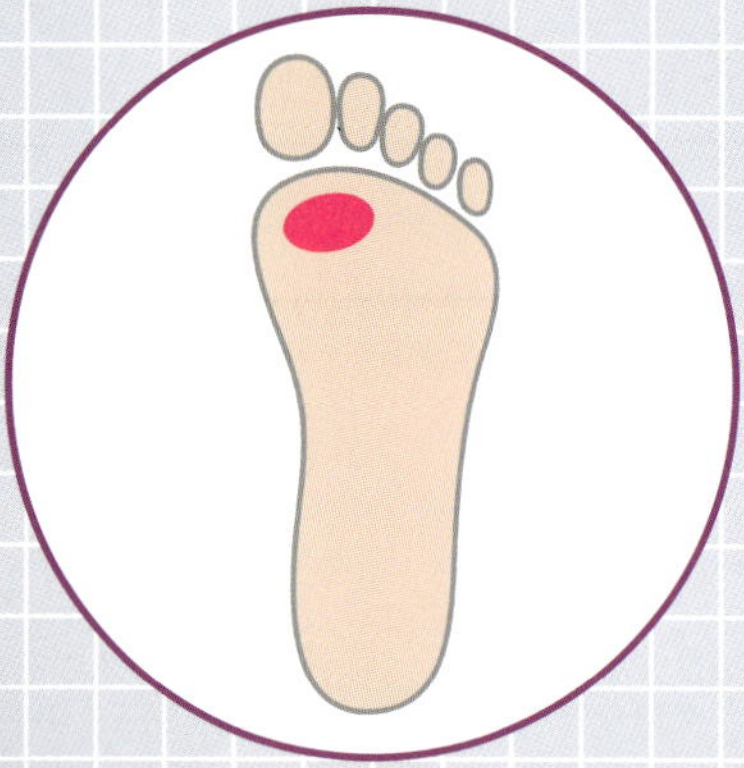

なるべくカラダの後方で、親指のつけ根を使って地面を蹴り出す

4. 振り出し

蹴り出しから着地までの動作のことです。地面を蹴った後に足を前に運ぶ動きのことで、無意識のうちに行われます。振り出した足のひざを自然と伸ばすことで、かかとから着地できるようになります。

歩幅は身長や足の長さによって人それぞれ
振り出した足は、カラダの中心近くを通るのが理想

5. 1分間の歩数と歩幅

120 ～ 130 歩が標準的な 1 分間の歩数です。歩幅の計算方法は［身長× 0.45（もしくは 0.5)］が一般的。リズムを取る上で大事なのが腕振りです。胸の前で振るのではなく、ひじを後ろに引くように心がければ自然な腕振りができます。

腕を自然に振ってリズムを取る。後ろに引くようにするとよい
身長や筋肉が異なるように、歩幅も人によって異なる

時間の経過によって目線が下がりやすくなるので注意
日頃の補強運動で体幹の筋バランスを整える

6. 目線

目線は地面と水平に向けます。ただし、腹背筋のバランスが悪いと、時間が経つに従って上半身の前傾が深くなり、自然と目線も下がりがち。日頃の補強運動で、腹背筋のバランスを整えましょう。

7.動きの解析

歩く動作は、大きく下の４つに分けられます。ランニング初心者の中には、まっすぐ歩いているつもりでも上半身が左右に揺れていたり、つま先から着地している人がいるかもしれません。そんな人も、自分の弱点を知ることで、ケガをしにくい正しい歩き方を身につけられます。難しいことは考えず、自然に歩いてみましょう。

1. 親指のつけ根（母指球）で踏み切る
2. 太ももが引き上がり、足が前方に移行する
かかとの外側から親指のつけ根に向けて重心を移動
腕は後ろに引くようにする

3. 空中動作によって下肢が
前方に移行する
目線は正面に
向けておく
4. かかとが地面に着地する
猫背にならないよ
うに注意

困ったときのQ&A その3

Q マメができやすい

A 新品は絶対にNG！履き慣れたシューズで走りましょう

大会参加時の注意事項のひとつとして、必ず使い込んだシューズで走ってほしい、ということが挙げられます。普段の練習から使っているものと同型でも、新品のシューズで大会に出場することは非常に危険です。まだ足に十分馴染んでいないシューズで走ると、かかと周辺や指の先端、足裏のしわが寄っているところなどにマメができやすくなります。一度マメができてしまうと、当然痛みが出てきてしまいますから、今度はそれをかばうためにフォームの崩れを招き、普段使わないような部位に負荷がかかって筋肉痛なども加速してしまいます。

ぜひ、大会出場時は足に馴染んだシューズで臨み、少しでも納得いく走りを目指してください。

Q 何が足りないかわからない

A ランニング日誌をつくろう

普段、練習をするときに、簡単でいいので日誌に記録しておくのがおすすめです。雨の日の練習、低温時の練習、高温時の練習、アスファルトの上での練習、トレイルでの練習、砂浜での練習、練習時間の長さ等々、その日に行った練習の内容と、そのとき感じたことなどを書き留めておきましょう。

それが1年後、2年後になって、以前の自分と比較ができたり、これからの練習法の改善や工夫をしたりする上でも参考になります。

「いまの自分には何が足りていないのか？」「なぜ調子が上がらないのか？」といった疑問は、過去の練習のなかに必ず解消の糸口が隠されているものです。

PART 4

マイペースが鉄則!
ジョギングを楽しむ

No. 1

歩きからジョギングに発展する

初心者に多い質問が「どうやって走ればいいですか?」というもの。
ポイントは、歩きからジョギングへ徐々にスピードを上げていくことです。

背筋を伸ばし、目線を前方に向ける。あくまでもマイペースで
地面を蹴り出す力がやや強くなる

1. 自然に歩く

難しいことは考えず、腕を振りながら普通に歩きます。スピードはあまり意識せず、マイペースで構いません。目線を前方に向け、背筋を伸ばして歩くことがポイントです。

マイペースを維持する

ジョギングをしたい。でも、どうやって走ればいいかわからない、という声をよく耳にします。中には、オリンピックのマラソンをイメージしてすぐに走り出す人も…。ですが、トップアスリートの走り方は、そう簡単に真似できるものではありません。

基本は歩きをジョギングに進化させるつもりで、少しずつ速度を上げていきます。難しく考える必要はありません。マイペースを維持し、ジョギングを楽しむこと。「誰にでもできる運動」と考え、正しい走り方を自然に身につけましょう。

意識して腕を大きく振ると、自然と歩幅が広がる
カラダの正面に足を振り出す

2. 歩幅を広げる

意識して歩幅を広げましょう。前の方に足をつくのではなく、後ろの方で地面を蹴るのがコツです。腕を大きく振ると、自然と歩幅も大きくなります。上半身が前傾になりすぎないように注意。

3. 腕振りを早め、歩速を上げる

ひじを曲げることで腕振りが自然と速くなります。腕は後ろに引くイメージです。ただし、肩を上げすぎないように注意してください。腕振りのリズムは足の回転に直結するので、自然と歩くスピードも上がります。

腕は後ろにまっすぐ引く。ひじを曲げると腕振りが速くなる
上半身と下半身のバランスを取る

4. 走るフォームにチェンジ

腕振りと足の動きを「走る」フォームに切り替えます。すると、呼吸が楽になり、足が前に運びやすくなるのがわかるでしょうか。これが自然体の中で身につけたジョギングの動きです。

意識的に腕振りを速くする
意識して「走る」ようにすると、両足が地面から離れる瞬間がある

速歩→急歩→ジョギング

意識して腕を大きく振ると、歩幅も大きくなってスピードが上がる
姿勢をまっすぐ伸ばし、目線を前方に向ける
3
2
1

腕は後ろに引くイメージ。ひじを曲げると腕振りのリズムが速くなる
こぶしは軽く握る程度でよい
8
7
6

肩が上がりすぎ
ないように注意
後ろの方で地面を蹴るよ
うにすると、自然と歩幅
が大きくなる
4
5

肩甲骨を意識で
きると Good
両足が地面から離
れて完全に「走る」
状態になっている
9
10
11

No.2

ジョギングでおさえる6つのポイント

歩くスピードを上げることができたら、いよいよジョギングです。
ポイントを意識しながら自分のペースで走り出しましょう。

Point #01

息が弾まないくらいの速度で走る

リラックスして走るのがジョギングの基本です。呼吸が苦しくなるということは、そのペースが速すぎる証拠。そのうち走るのが嫌になってしまいます。はじめはスピードを意識する必要はありません。息が弾まない程度、周りの景色を見るくらいの余裕を持って走ります。

Point #02

会話が楽にできる

一緒に走っている人と会話ができるくらいのペースが理想的です。特に初心者の場合、ペースを上げすぎるとフォームが乱れてカラダのどこかを痛めたり、次の日に疲労を残してしまうことがあります。疲れたら歩いてもかまいません。ジョギングを楽しんでください。

Point #03

歩幅は50～70cm程度

身長や筋肉にもよりますが、歩幅はだいたい 50 ～ 70cm が一般的です。個人差があるので、自分が走りやすい歩幅で構いません。ただし、歩幅を一定にしておくと、歩数によって進んだ距離が計算できるので便利です。無理に歩幅を大きくするとケガをしやすいので注意しましょう。

Point #04

1分間の歩数は160～180歩が理想的

ジョギングの 1 分間の歩数（ピッチ）は 140 ～ 150 歩が目安です。足の回転数が上がれば、重要になるのが腕振り。スピードに合わせて腕振りを速くしないと上半身と下半身のバランスが取れません。そのため、ひじを曲げて腕を振り、リズムを取りやすくします。

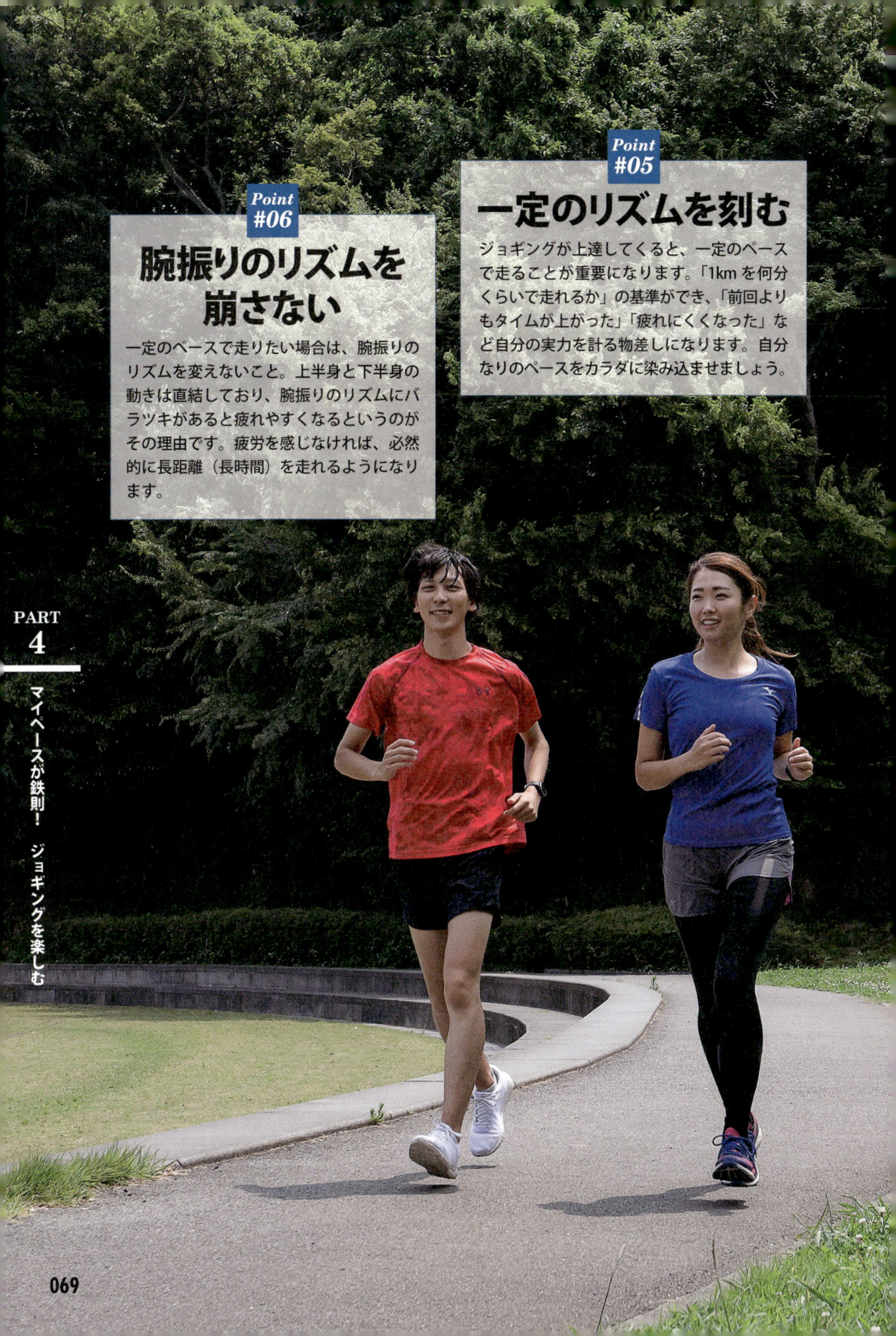

Point #05

一定のリズムを刻む

ジョギングが上達してくると、一定のペースで走ることが重要になります。「1kmを何分くらいで走れるか」の基準ができ、「前回よりもタイムが上がった」「疲れにくくなった」など自分の実力を計る物差しになります。自分なりのペースをカラダに染み込ませましょう。

Point #06

腕振りのリズムを崩さない

一定のペースで走りたい場合は、腕振りのリズムを変えないこと。上半身と下半身の動きは直結しており、腕振りのリズムにバラツキがあると疲れやすくなるというのがその理由です。疲労を感じなければ、必然的に長距離（長時間）を走れるようになります。

No.3

ジョギングの練習法

ジョギングは何よりも楽しむことが大事です。楽しむためには、練習のやり方を工夫すること。仲間と一緒に走るのもひとつの方法です。

飽きないための工夫
課題や能力に合わせたマイコース作り

ジョギングの練習をするにあたって、ひとつのポイントがあります。それは、「三日坊主」にならないこと。いつも同じところを走っていたら、いつか飽きてしまうでしょう。一度、練習を休んでしまうと、また走るのが面倒に感じるかもしれません。

そこでPART2 NO・3でも触れた、練習コース（マイコース）をいくつか用意しておきます。平坦な道ばかりでなく、坂道や砂浜などバリエーションがあるといいでしょう。練習できる時間に合わせて、5〜10㎞まで3コースくらい作っておくと重宝します。

コースを決めておくと、タイムによって自分のレベルアップがわかりやすいという利点があります。

仲間を見つけるのもランニングを長続きさせるコツ。「ダイエットのため」「健康のため」「走った後に飲むビールが美味しいから」。動機は何でも構いません。走ることが楽しくなれば、「一緒に大会に出場する」など新しい目標が生まれるでしょう。

ただし、無理は禁物です。ケガをしてしまったら、痛みとつらい思いだけが残ってしまいます。疲労を溜め込まないように、走った日はストレッチなどでカラダをしっかりケアしてください。大事なのは〝頑張りすぎない〟ことです。

training **#01**

マイコースを作る

課題に合わせてコースを使い分ける

自分の課題に合わせた練習をする上で、いくつかのマイコースを持っておくといいでしょう。

5、7、10km くらいの 3 コースを作っておくと、練習できる時間によって使い分けることができて便利です。また、コース内にあるコンビニを確認しておくと、急にトイレに行きたくなった時に困りません。

平坦な道だけでなく、200 ～ 300m 程度の坂道を用意しておくことも重要。心肺機能を効果的に強化できます。

training **#02**

自分のペースを身につける

次のステップに向かう目安をつかむ

自分なりのペースを身につけておくと、練習にとても役立ちます。

例えば、1km を 7 分のペースで走れるとします。「今日は練習時間が 30 分しかないな」という時は、4km を走った時点で「そろそろ練習もおしまいかな」ということがわかります。

タイムが縮まれば、自分の走力アップを実感することができるでしょう。このように基準を作ることで、次のステップに向かう目安をつかむことができるのです。

training **#03**

路側帯の白線を利用する

着地や踏み切りの位置がずれていないかを路側帯を使って確認する

着地や踏み切りが正確になる

　道路で練習している人は、路側帯の白線が便利です。まっすぐ引かれた白線の上を走ることで、着地や踏み切りが正確になります。さらにカラダが左右にブレなくなり、フォームが安定するというメリットもあります。

　ただし、雨で濡れた白線は滑りやすいので注意。また、交通量の多い道路を避け、できるだけ車が少ない場所を選んでください。夜間に走る時は反射板やライトを身につけることを忘れずに。

training **#04**

1分間の歩数を定着させる

今のペースでどれだけ走れるかがわかる

あらかじめ1分間の歩数をカウントしておき、そのペースをカラダに染み込ませておくと、走った距離がすぐにわかります。

例えば、歩幅が60cmで、1分間の歩数が170歩とします。すると、［0.6（m）×170（歩）＝102m］となり、1分間で102m進んだ計算になります。このペースで走り続けると、10分で1020m、60分で6120m走ることになります。速度はおおむね1km/10分となり、かなりゆっくりした走りのペースといえます。

自分のペースを知る

例1　歩幅 50cm、歩数 160/1 分の場合

1分間で進める距離は…
0.5（m）×160（歩）＝80m
10分で800m、60分で4800m…速度は1km/約12.5分

例2　歩幅 80cm、歩数 180/1 分の場合

1分間で進める距離は…
0.8（m）×180（歩）＝144m
10分で1440m、60分で8640m…速度は1km/約6.9分

例3　歩幅 120cm、歩数 180/1 分の場合

1分間で進める距離は…
1.2（m）×180（歩）＝216m
10分で2160m、60分で12960m…速度は1km/約4.6分

将来的にマラソンに挑戦しようと思っているなら、自分が走るペースを身につけておくことが大事です。

例えば、例2のように1kmを約7分のペースで走り続ければ、42.195kmを5時間弱で完走できる計算になります。これに当てはめて考えると、フルマラソンを2時間30分以内で走ろうと思ったら、1kmを3分30秒以内で走り続けなければいけません。

いかがでしょうか？　トップランナーがいかに速いペースで走っているかがわかると思います。

No.4

走る前後のカラダのケア

疲労から早く回復するために、毎日のストレッチを心がけましょう。
筋肉の血液循環を促進し、ケガを予防する効果があります。

ストレッチで心身をリラックスさせる

ジョギングの前と後は、必ずカラダのケアに努めましょう。特に練習後のストレッチが重要で、筋肉の血液循環を促進させて疲労回復を早くする効果があります。翌日に疲れを残さないためにも、アフターケアは欠かすことができません。

準備運動やストレッチはできるだけ平らな場所で行なってください。公園の芝生の上などリラックスできるところがいいでしょう。ストレッチには、筋肉や関節を柔らかくするだけでなく、心身をリラックスさせる効果もあります。

雨などで外を走れない日も、ストレッチだけは毎日やることをおすすめします。その理由は、日々のストレッチで筋肉や関節を柔らかくしておくと、実際に走る時により高いパフォーマンスが出せるから。ストレッチは習慣的に行いましょう。

運動後のアイシングも、カラダのケアには有効です。詳しいやり方はＰＡＲＴ５で述べますが、アイシングには患部の炎症を抑え、疲労から早く回復させる効果があります。

ただし、仕事の合間を縫って走っている一般のランナーが毎日アイシングの準備をするのは現実的ではありません。カラダのどこかに痛みや疲労感が出た時に、患部を冷やすようにしてください。

走った後のストレッチは、筋肉の疲労回復を助け、心身をリラックスさせてくれる

ケガをしないための準備運動とストレッチ

運動の前後は、ストレッチでカラダをケアしてください。心身のリラックス効果もあります。

#01 太ももの裏側を伸ばす 左右各20秒

Point
ハムストリング（太ももの裏）が伸びていることを意識する

ひざを伸ばしたまま足を前後にクロス。そのまま上半身をゆっくり前に倒して静止。足の前後を入れ替えて行う。

#02 両腕のつけ根を伸ばす 左右各20秒

Point
反対側の手を下から通し、ひじのあたりを押さえる

肩周辺の筋肉を伸ばす。腕を肩の高さで前に伸ばし、反対側の腕でひじのあたりを押さえながらカラダの方に引き寄せる。

#03 脇の下を伸ばす 左右各20秒

直立した状態で頭の後ろに回した手を組む。下半身を固定したまま、上半身をゆっくり横に倒して脇の下を伸ばす。

Point
上半身が前傾したり後ろに反らないように注意

#04 股関節を伸ばす① 左右各20秒

両足を伸ばして座り、片側の足首を持って胸の方に引き寄せる。背筋をまっすぐ伸ばした状態で行うのがポイント。

Point

太ももの外側、お尻の筋肉を伸ばすことができる

#05 股関節を伸ばす② 20秒

あぐらをかいて座り、両足の足裏を合わせる。足を手で引き寄せながら、上半身を前傾させていく。背筋はできるだけ伸ばすのがポイント。

Point

ひざを外に開くと股関節が伸びる

#06 腰とお尻を伸ばす 左右各20秒

Point
肩を外側に開き、顔と目線をできるだけ後方に向ける

座った状態で片側のひざを立て、伸ばした反対側の足にクロスさせる。腕を使ってひざのあたりを押し、腰とお尻の筋肉をゆっくり伸ばす。

#06 太もも前部を伸ばす 左右各20秒

仰向けになり、片側のひざを曲げてカラダの横に足を置く。太ももの前面が伸びていることを意識する。

Point
カラダが硬い人は、上半身を起こして行ってもよい

#07 太ももの裏を伸ばす 左右各20秒

あぐらをかいて座り、ひざを立てた足をクロスさせる。手前側のひざを両手で抱え、胸の方に引き寄せる。足を入れ替えて左右行う。

Point
背筋を伸ばして、太ももの裏とお尻の筋肉をストレッチ

PART 5

風を感じて駆ける ランニング

No. 1

ジョギングからランニングへ

速く走れるようになると世界が変わります。長い距離を走れるようになりましょう。新しい目標ができたら、あなたも一人前のランナーです。

ランニングをマネジメントする

この章からいよいよ本格的なランニングへと移行します。スピードを上げ、風を感じながら駆け抜けましょう。具体的には「1km／10分」の走りから「1km／7分」以内の走りにスケールアップします。

ランニングの世界に入ると、これまでとの違いがいくつか出てきます。その最たるものが、ランニングをマネジメントするという考え方。つまり、記録やペースをより意識するようになり、走ることに対する目標や目的意識が芽生えてくるのです。

理想とする走りに近づいてきたら、「もっと速くなりたい」「もっと快適に走りたい」「栄養の摂り方を知りたい」といった欲が生まれます。新しい練習メニューを考えたり、カラダのメカニズムに関する知識を得ることが楽しくなるかもしれません。より質の高い取り組みに変わってきます。変わるのは意識だけではありません。運動の「強度」も変化します。例えば、足の運びはよりダイナミックになり、地面から足が離れる時間が長くなることで空中動作が大切になります。とはいえ、基本的なフォームはジョギングとほとんど変わりません。ランニングはその延長線上にあると考えてください。まずは長い距離を走れるフォームを身につけるところから始めましょう。

ランニングへの移行による意識の変化

1. 周囲の景色が違って見える

走力が上がれば呼吸が楽になり、気持ちにも余裕ができる。その分、周りの景色もよく見えるようになる。

2. 5km のスプリットタイムを意識するようになる

フルマラソンを走る時は、5km ごとに自分のペースを設定しておくとレースプランが立てやすい。

3. 距離に対して仕上がりタイムを意識した走りになる

どれくらいのタイムで走りたいのかを決め（仕上がりタイム）、必要なペースをカラダに覚え込ませる。

4. 走りの目標や目的を持つようになる

ダイエットや健康維持など、走る目的は人それぞれ。自分なりの目的に合わせた練習メニューを組もう。

5. 練習方法が変わる

フルマラソンに向けた練習は多岐にわたる。心肺を鍛える時は、インタバルトレーニングなどのスピード練習が欠かせない。

6. シューズやウェアなどのギア選びが変わる

トップアスリートが履くシューズは、軽い上に優れた反発力を持っている。自分のレベルに合わせたシューズを選ぶこと。

iStock.com/baona

No.2

スケールの大きな走り ランニングのポイント

トップアスリートの走りはどこが違うのか。腕振りや歩幅など一つ一つの動きを分析して、
理想的なフォームを身につけましょう。

Point #01

腕振りを大きくシャープに

腕を速く振るためには、ひじを曲げてコンパクトにすることが重要だ。腕振りと足の回転は直結しているので、腕を大きく振ることで自然と足幅が広くなる。

Point #02

歩幅は大きく

歩幅（ストライド）を伸ばし、足の回転数を上げると自然と速く走れる。ただし、着地にかかる衝撃が大きく足や腰に負担がかかるので、相応のトレーニングが必要。

Point #03

母指球で力強くキック

効率よく足を前に運ぶには、しっかりと地面を蹴り出さなければいけない。かかとの外側から着地したら対角線上に重心を移動し、母指球で力強く踏み切る。

Point #04

自然呼吸からスピードに合わせた呼吸に

走っている時の呼吸は自然でよい。たくさん吐くことを意識すると、自然と吸えるようになる。スピードが上がれば、呼吸は劇的に楽になっていく。

Point #05

すべての動作がスピードに沿ったものに変わる

ランニングを継続していくと、ひざの上がりが高く、足が地面から離れる時間が長くなる。スピードを意識したフォームへと変化していく。

ジョギングとランニングの比較

1. カラダのすぐ前に着地。歩幅もそれほど大きくない

2. 母指球を使って地面をしっかりと蹴り出す

1. 歩幅が広く、両足が地面から浮いている

2. かかとの外側から着地。カラダの軸が安定している

3. 軽やかに地面を蹴って前に進む推進力を得ている

4. 全身をリラックスさせ、呼吸も楽にしている

5. ひじを曲げてコンパクトな腕振りでリズムを取る

3. 目線を正面に向け、背筋をしっかり伸ばす

4. ジョギングよりも前に出したひざが高く上がっている

5. 後ろの足で力強く地面を蹴り、できるだけ前方で着地

No.3

ランニングの練習方法

**ランニングの走り方に慣れてきたら、より高いレベルのトレーニングにチャレンジ。
大会参加も視野に入れながら、練習法や心構えを紹介します。最終目標はフルマラソン完走です！**

training ***#01***

自分に合った練習メニューを組み立てる

やりたい時に走る

みなさんは週にどれくらい練習しているでしょうか。会社にお勤めの方なら、土日しか走れないかもしれません。頑張って早起きし、朝に走っている人もいるでしょう。学生さんなら授業が終わった後の夕方に走っている人もいると思います。

練習メニューは、自分のライフスタイルに合わせて組み立てるようにしてください。無理をして走ろうとしても長続きしません。特に初心者は、できるところからスタートして、徐々にレベルを上げていくこと。

ランニングは「やりたい時に走る」というのが基本原則です。

iStock.com/avuto

training #02

走りやすい基本ペースを体得する

目標に合わせて「自分のペース」で走る

フルマラソンを目標タイムで完走するために必要なペースをカラダに覚え込ませます。例えば、42.195kmを「1km/7分」のペースで走り続けたら5時間弱で完走できる計算になります。目標タイムが決まったら、普段の練習でも「自分のペース」で長い距離を走れるようにしておきましょう。心拍数120～140を維持し、自然に呼吸ができるくらい余裕を持って走れるようにします。

おすすめ練習メニュー LSD（ロング・スロー・ディスタンス）

LSDはLong Slow Distance（ロング・スロー・ディスタンス）の略。その名の通り、長い距離を走る練習方法です。ペースはジョギングよりも遅いくらいでOK。おしゃべりでもしながら、気持ちのいいペースで走ってください。長時間、カラダを動かすことで、持久力を養います。フルマラソンを目指している人なら、大会の前に30kmくらい走れるようになっておきましょう。

training #03

自分の走りを解析する

基本的なトレーニングを繰り返す

練習の中で、自分の走りを客観的に見てみましょう。実際の大会をイメージしながら走ると、より効果的です。雨の日や寒い日はどんな格好をして走ればいいか。あるいは、どれくらい走ればカラダが暖まってくるか。いろいろなシチュエーションを想定して練習しておくと、本番になって困りません。

ランニングの練習はルーティンワークのようなもので、特別な変化が毎回のように起きるわけではないのです。基本的なトレーニングを繰り返すところに、大きな意味があります。継続による成長がそこに存在するのです。

おすすめ練習メニュー ペース走

「1km を 7 分のペースで走ろう」というように、一定のペースで走り続ける練習方法をペース走といいます。大会でのペース感覚が身につくほか、持久力をアップさせる効果があります。フルマラソンを目指す人にとっての基本的なトレーニングで、ペースを徐々に上げていく「ビルドアップ走」と一緒に覚えておきましょう。ペース感覚が身につくと、自信につながります。

training #04

小さな達成感を大切にする

走り切った時の喜びは計り知れない

練習が終わった時に「今日もよく頑張った」という達成感を得られるのがランニングの醍醐味です。真っ向から自分のカラダと向き合うスポーツだからこそ実感できる最高のギフトといえるでしょう。

仮に歩幅が 1m だとしたら、フルマラソンを完走するのに４万歩以上も走ることになります。まさに小さな達成感の積み重ね。痛みや苦しみに耐えながら走り切った時の喜びは計り知れないものです。

だからこそ、ランニングは楽しい。そして、誰からも愛されているスポーツなのです。

おすすめ練習メニュー インターバル走

いわゆるスピード練習のことで、心肺機能を鍛える効果があります。ダッシュとジョグを繰り返す練習方法で、陸上競技用のトラックがあると走った距離がわかりやすいので便利です。「ダッシュ（4 分 30 秒 /1km）で 300m ＋ジョグ（7 分 00 秒 /1km）で 100m × 10 本」など組み合わせは様々。疲労が溜まりやすいトレーニングなので、1 週間に 1 ～ 2 回くらい取り入れるといいでしょう。

No.4

粘り強く走れるカラダを鍛える

後半に入ってもバテずに走れる筋肉と体幹を身につけましょう。
補強運動は練習の後に必ず行うこと。慣れてきたら少しずつ回数を増やしていきます。

補強運動 #01

腹筋 1 10～30秒×3セット

地面に仰向けになり、両足をまっすぐ揃える。ゆっくりと息を吐き、かかとを地面から20cm ほど浮かした状態でキープ。下腹部に刺激が加わっていることを意識する。

やり方
手は頭の後ろで組んでもいいし、カラダの横においてもいい。

Point
カラダは無理に起こさず、お腹に刺激が入ったら元に戻す
やり方
足の裏を地面につけたまま、背中を丸めるように上半身を起こす。

補強運動 #02

腹筋 2

10〜30秒×3セット

地面に仰向けになり、ひざを立てて 90 度に曲げる。手を頭の後ろで軽く組み、腹直筋（腹筋の上部）を意識しながらおへそをのぞき込むようにゆっくりとカラダを起こす。

Point
ひざが曲がると効果が半減するので、しっかり伸ばしておくこと

やり方

補助をしてくれる人がいなければ、ベッドやタンスの隙間を利用してもよい。

Point

勢いをつけずゆっくりカラダを反らすこと。あごを上げ過ぎるのもNG

補強運動 #03

背筋 1　20回×2〜5セット

うつ伏せになって頭の後ろで手を組む。補助をする人に足首を持ってもらい、上半身をゆっくり反らす。腹筋と背筋を鍛えておくと、走っている時の姿勢が安定する。

やり方

腹筋を意識しながら、ひじとひざを近づける。左右を入れ替えて行う。

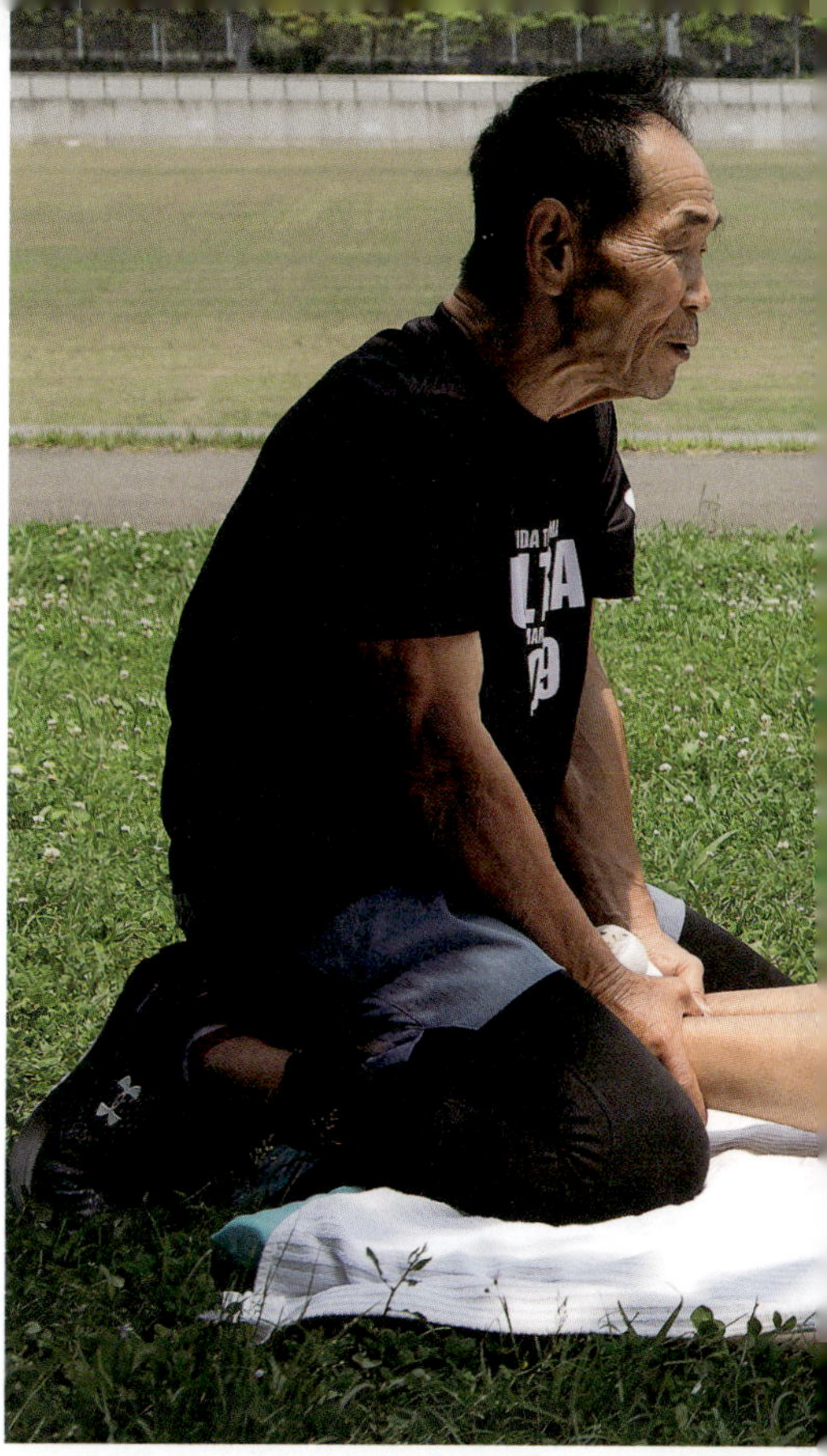

補強運動 #04

背筋 2

20回×2～5セット

上半身と下半身のバランスを取り、ランニング中の姿勢を安定させる。筋力が弱い人は難しいかもしれないが、ゆっくり丁寧に行うことが重要。

Point

背筋をしっかり伸ばし、背筋やお尻の筋肉（でん筋）を意識する

やり方

四つん這いになり、右手と左足が一直線になるようにまっすぐ伸ばす。

補強運動 #05

でん筋 10秒×2〜5セット

体幹を安定させるでん筋（お尻の筋肉）はランニングにも重要な役割を担っており、ひざや腰の故障を予防する働きを持っている。でん筋を鍛えると、力強く地面を蹴り出せる。

やり方
うつ伏せになり、地面と垂直
になるようにひざを曲げる。

Point
ひざが外を向かな
いように注意。ハ
ムストリングの強
化にもつながる
やり方
つま先で天井を押すように、
足を真上に上げて静止。

肩幅に歩幅を開き、つま先をやや内側に向ける。

補強運動 #06

スクワット

20〜30回×3セット

下半身をトータルで鍛える。太もも前後の筋肉を強化することで、ひざのケガ予防にもつながる。ランニングの基礎となるトレーニングで、パフォーマンス向上につながる。

やり方
背筋を伸ばしたまま、お尻を後ろに突き出すイメージで腰を落とす。

Point
しゃがんだ時に、ひざがつま先よりも前に出ないように注意

やり方
手を頭の後ろに添えてまっすぐ立つ。目線は正面。

No.5

アイシングでカラダをケア

走っている時にひざが痛くなる。それは、もしかしたら筋肉が炎症を起こしているのかもしれません。アイシングで疲労回復を早めましょう。

患部を冷やして故障を未然に防ぐ

試合を終えた野球選手やサッカー選手が肩やひざ、足首にアイスバッグ（氷のう）をあてがっている姿を見たことがある人も多いのではないでしょうか。彼らはまさに運動によって酷使した部位を冷やすことで、故障を未然に防いでいるのです。

ランニングも同じです。長い距離を走った後の筋肉は熱を持っています。炎症を起こしやすくなっており、これを放っておくと筋肉痛につながります。翌日に疲労を残さないためにも、練習の後は患部を冷やしておきましょう。

ただし、手当たり次第に冷やせばいいというわけではありません。たとえば、冷凍庫から出したばかりの氷（指に張り付くような氷）をそのまま使うと、冷たすぎて凍傷になる可能性があります。一度水にさらすか、しばらく室内に置くなどして、氷の温度を上げてから使います。

ここでは氷のうを使ったアイシングを紹介しますが、氷水を張ったバケツに患部を入れたり、冷水シャワーを患部に当てるなど様々な方法があります。注意点は冷やしすぎないこと。凍傷にならないよう、感覚がなくなったらすぐに終了します。

ケガの防止につながるアイシングは、適切な時間や方法を守ることが大切です。

アイシングに必要なアイテム

氷を包んで使用するなどタオルがあると重宝する

氷のうを固定するためのアイシング用ラップ

アイシングは椅子に座るなどリラックスして行う

氷を入れる氷のう。ビニール袋でもよい

練習や補強運動の後は必ずストレッチ

ストレッチには、運動によって硬くなった筋肉に血液循環を促す効果がある。練習の後は入念に行おう

太ももの裏▶P82

腰周りとお尻▶P81

股関節▶P80

太もも前部▶P82

股関節▶P80

運動直後に行うアイシング

筋肉や関節を冷やして炎症を抑える

氷をたっぷり入れた氷のうに少量の水を加えると、隙間を埋めることができて使いやすくなります。空気を抜いて氷のうを平らに押しつぶして使用してもいいでしょう。

痛みがある場所に氷のうを押し当て、皮膚の感覚がなくなるまで我慢します。はじめの2～3分は痛みが出ますが、すぐにやめないように注意してください。

目安としては10～15分。一旦、氷のうを患部から離し、皮膚の感覚が戻ったらもう一度冷やします。

椅子に座るなどリラックした状態で行いましょう。はじめは疲労回復が実感できなくても、継続的に行うことで効果が表れてきます。

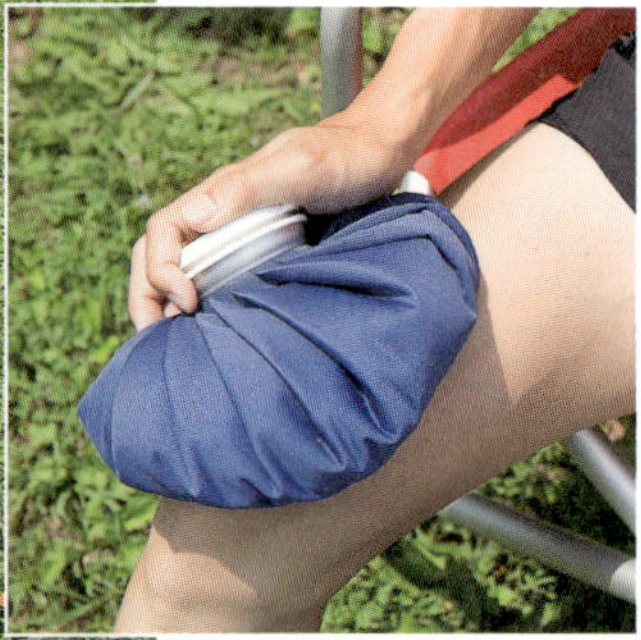

PART 6

市民マラソンに参加して盛り上がりたい

No. 1

大会デビューに向けて 集団走の魅力

ランニングの楽しみ方は一人で黙々と練習するだけにとどまりません。ここでは、仲間と走る集団走の魅力を紹介します。

ランニングが定着すると必ず仲間ができる

多くのサラリーマンやＯＬの方が、皇居外周を走っている光景は、すっかりおなじみです。ランニング愛好家のほとんどは仕事をもっていますから、日々の練習時間をつくるのもひと苦労。早朝か昼休み、あるいは仕事終わりの夕方を練習に当てる人がほとんどでしょう。皇居の外周は約５㎞。これは「ちょうどよい距離」で、信号がなく、適度な起伏もある。練習するにはうってつけの場所です。また、桜田門や和気清麻呂像など、ランナーの溜まり場のような場所が多く、知り合いのランナーとの待ち合わせや、ストレッチをする場所として活用しやすいのも選ばれる理由のひとつでしょう。

ランナーにはそれぞれが自分なりの目標や目的があります。仕事やライフスタイルは違っても、ランニングを共通の趣味としている以上、いつもの練習コースでたびたび顔を合わせるうちに、やがて一緒に走る仲間になり、一緒に市民マラソン出場を目指すことにもつながります。少しレベルが上の相手とトレーニングすれば、１回の練習の質も上がります。また「今日は10㎞走ろう」とか「思い切って20㎞先の銭湯まで走って○○を食べて帰ろう」など、普段一人走っている時とは違った楽しみも味わえます。

PART 6

市民マラソンに参加して盛り上がりたい

No.2

大会に向けた練習方法

積み重ねてきた練習の成果を試す一番の機会が、市民マラソン大会への参加です。具体的な練習法や本番での走り方のコツを紹介します。

無理せずコツコツと継続することが成功のカギ

健康管理やストレス解消、ダイエットなど、さまざまな目的で始めたランニング。ジョギングから始めたランニングの良いところは〝練習は裏切らない〟ということ。やればやるほど、自分のカラダの変化を実感し、筋力や心肺能力が向上します。

私自身も、30歳からダイエットのために走り始めた当初、片道１㎞ほどの距離でも途中で休憩しながらでないと走り続けられませんでした。それが、週5回、コツコツと走っていたら、やがてフルマラソンを完走できるようになり、さらに１００㎞のウルトラマラソンまで走れるようになったのです。それは決して苦しい猛練習をしたわけではなく、自分の体力と相談しながら「無理せず行けるところまで」という積み重ねの結果、達成したもの。大切なのは「継続すること」です。あまりガチガチに考えず、「今日はカラダがしんどいなあ」というときは30分で切りあげたり、補強運動だけで終わったっていいのです。無理して走っても、ストレスが溜まるだけですから。

「大会参加」という目的も、それまで培ってきた走力や筋力を試す一つの刺激剤だと、気楽に考えてみてください。実際に走ってみると、新たな達成感や走る醍醐味を味わえることは間違いありません。

training **#01**

練習の組み立て方を知る

6カ月前から本番までを段階別に期分けする

フルマラソンを目指す以上、持久力の向上が最大のカギであり、その練習法はやはり「走りこみ」が中心となります。ここでは「フルマラソン挑戦」という目標を、6カ月前から具体的な計画として設定した場合の練習の組み立て方を紹介。まず全体を、走り込み期、スピードトレーニング期、コンディショニング期、レース期と分けて準備していきます。つまり、走る土台をつくり、スピードを磨き、コンディションを整えて、レースに臨む、という流れで考えるということです。

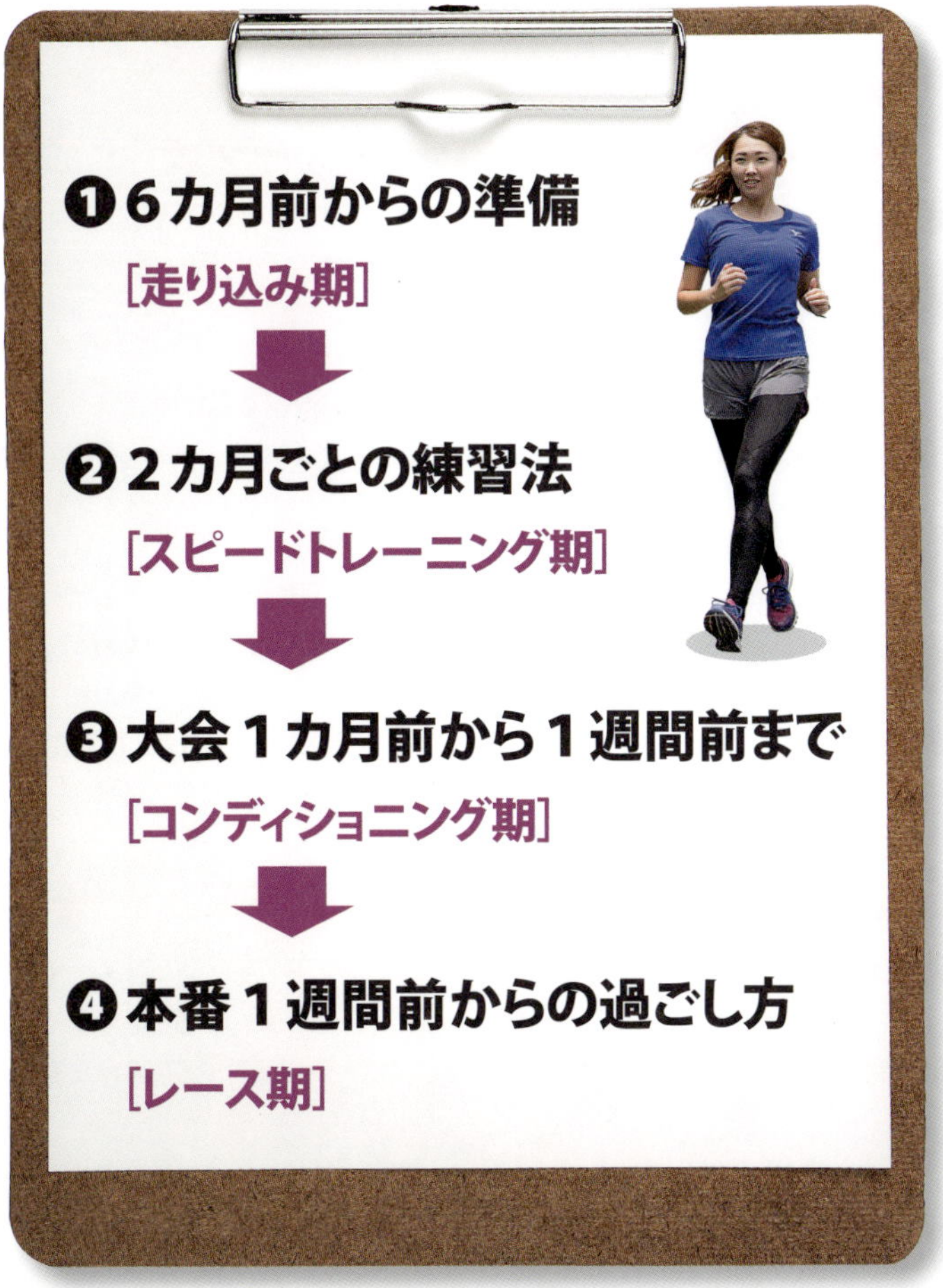
❶6カ月前からの準備
[走り込み期]
❷2カ月ごとの練習法
[スピードトレーニング期]
❸大会1カ月前から1週間前まで
[コンディショニング期]
❹本番1週間前からの過ごし方
[レース期]

training **#02**

❶ 6カ月前からの準備

［走り込み期］

一定の速度で走り込む

フルマラソンに向けた練習の第一段階は走り込みです。初夏から秋口にかけて、およそ4カ月かけて、走れるカラダの基礎をつくっていくイメージです。徹底的に距離を踏む練習を行います。

走り込み期の練習は「5勤1休1積極的休養」で1週間を組み立てるのがポイントです。たとえば水～金は同じペース同じ距離を踏み、土日は少し距離を伸ばすか、ペースを上げるなどして負荷をかけます。そして翌月曜は完全休養日に当て、火曜は筋トレや水泳などで軽くカラダを動かす積極的休養日に設けるなどが、理想的といえるでしょう。

5勤1休1積極的休養で組み立てる1週間スケジュールの例

月曜　完全休養日

火曜　積極的休養日

自転車またはエアロバイク（負荷120～150Wで20分間）

▼

サーキットで筋力トレーニング（腹筋・背筋・でん筋を中心に）

▼

プールで水泳（クロールで20～30分程度）

水曜　練習日　6分/km～6分30秒/kmで**60～70分走（10～9km）**

木曜　練習日　6分/km～6分30秒/kmで**60～70分走（10～9km）**

金曜　練習日　6分/km～6分30秒/kmで**60～70分走（10～9km）**

土曜　練習日　6分30秒/km～6分45秒/kmで**90～120分走（14～18km）**

日曜　練習日　5分30秒/kmで**60分走（11km）**

練習後の筋力補強トレーニングメニュー例

腹筋（上部）　100回×1セット

腹筋（下部）　30回×3セット

背筋（起立筋）　10呼間×3セット

スクワット（浅）　50回×1セット

スクワット（中）　50回×1セット

スクワット（深）　50回×1セット

training #03

❷2カ月ごとの練習法

[スピードトレーニング期]

スピードトレーニングで心肺機能強化

スピードに磨きをかける本格的な走り込みに挑戦です。ランニングは心肺機能と筋力を使う運動ですが、スピードトレーニングでは筋力よりも心肺機能を強化できます。

おすすめの方法は、練習コースのなかにある電柱を使った擬似インターバルトレーニング。たとえば、75分のロード走をするとき、後半の残り20分間をこのインターバルトレーニングに当てます。

電柱の間隔は50mです。これを利用して、電柱7本分の距離（300m）を80～90%の力で走り、8本目までの50mを50%の力で走ります。ペースに換算すると、インターバルでは普段のペースよりも、およそ1分/km程度速いペースで走ることになります。これを10本行えば3500m走ることになり、心肺機能を強化できる、いいトレーニングになります。

スピード練習の距離

（4分30秒/kmで300m +7分/kmで50m）×10本＝3500m

※普段のペースが5分30秒/kmの場合

iStock.com/ZamoraA

training **#04**

大会１カ月前から１週間

［コンディショニング期］
体調に気をつけながらレース本番を想定する

レース１カ月前からは体調面を気づかいながら調整していきましょう。走りこみが終わり、自分なりにレースを想定してスピード練習に入っている時期ですが、気をつけたいのがオーバートレーニングによるケガと風邪。

「もっと練習しておかなければ」という不安な気持ちにもなるかもしれませんが、これまでの走り込みやスピード練習による疲労が蓄積している時期だということを肝に命じておきましょう。必要以上の走り込みは故障に直結します。これまで積み重ねてきた「普段どおり練習」に徹する方が得策です。

またカラダが疲労しているぶん、抵抗力も低下しているうえ、秋以降は気温も下がっていくので風邪をひくリスクも非常に高くなります。入浴でカラダを温めるなどして保温に努めましょう。

training **#05**

本番１週間前からの過ごし方

［レース期］
練習量を減らしつつ、カラダへの刺激を絶やさない

レース１週間前は、疲労回復と同時にレースへのモチベーションを上げていくことに専念しましょう。ここまでくると徐々にカウントダウンに入ってきます。初めてのレースを前に、「やり残したことはないか」「準備してないものはないか」などと考えがちですが、そのいっぽうで、なるようにしかならないと、開き直る気持ちをもつことも必要です。

１週前は、本番までの練習量はむしろ減らしていき、カラダへの刺激を絶やさない程度の練習をする。本番に近づくほど走りの量を減らしてください。そうすることで「早く走りたい！」という枯渇感が生まれてきます。

本番1週間前の過ごし方の例

月曜　完全休養

火曜　練習

6分/kmで60分走（ウインドスプリント2～3分は欠かさず）
+補強・ストレッチ

水曜　練習

6分/kmで60分走（ウインドスプリント2～3分は欠かさず）
+補強・ストレッチ

木曜　練習

6分/kmで45分走（ウインドスプリント2～3分は欠かさず）
+補強・ストレッチ

金曜　練習

6分30秒/kmで30分走（ウインドスプリント2～3分は欠かさず）
+補強・ストレッチ

土曜　練習

6分30秒/kmで30分走（ウインドスプリント2～3分は欠かさず）
+補強・ストレッチ

日曜　本番

No.3

大会レースでの走り方のポイント

スタートからゴールまで、42.195kmを走る上でのポイントを具体的に見ていきましょう。

Point #01

記録計測用タグをつける

最近の大会では、参加者の記録をCPUでとれるようになっているため、記録計測用タグをシューズのひもに付けて走る必要がある。このタグを付け忘れると、せっかく完走を果たせても一切の記録が残らないので注意。

Point #02

靴ひもは二重結び

レース中の余分なロスをなくすためにも、靴ひもがほどけることは避けたい。スタート前には必ず、靴ひもをほどけにくくするために二重結びにしておこう。最近では、ほどけにくい構造の靴ひもも販売されている。

Point #03

スタート前の給水

フルマラソンはとにかく長丁場。途中にエイドはあるにせよ、スタートからしばらくは給水できない。スタート前は200～300cc程度の水分補給をしておき、かつトイレも早めに済ませておこう。

Point #04

スタートから5kmまで

初出場への高揚感で、スタートから自分のペースを見失い、早めに消耗してしまう人は多い。最初の5kmくらいまでは、ペースとその日の体調をしっかり見極めて、本来のペースをつかむようにすることが大切だ。

Point #05

渇く前に給水 100ccをこまめに

給水のポイントは「のどが渇く前にすること」。渇いてから給水するようでは遅い。ただし、がぶがぶと飲むのは禁物。一口ずつこまめに含んで、一回の給水で100ccくらいを目安に飲むようにしよう。

Point #06

5kmごとにストレッチ

大会に向けて練習を積んできた人なら、20kmを過ぎたあたりから太ももやふくらはぎに軽い「張り」が出始める。ゴールまで、筋肉の消耗や疲労を軽減させるために5kmごとにストレッチするといい。

Point #07

30kmまでは5kmごとのラップタイム

スタートから5kmくらいまでで、本来のペースをつかんだら、30kmまではその5kmごとのタイムを維持して刻んで行こう。5～15kmあたりが、心肺も安定してきて一番気持ちよく走れる区間だが、そこで調子に乗ってペースを上げないように注意しよう。

Point #08

30km以降はこまめにストレッチ

5kmごとにストレッチをすると前述したが、20km以降は筋肉の疲労を明らかに感じるようになってくる。とくに20～35kmの区間が一番の頑張りどころ。30km以降に筋肉疲労を感じたら適宜ストレッチをして少しでも筋疲労を軽減しながら進もう！

Point #09

35km以降はゴールイメージ

35kmまでたどり着ければ、ゴールまで約7km。ここからは残りの距離と自分の体力、気力を考えて走りたい。35kmを越えると、カラダの疲労や筋肉痛もさることながら、「走り続けることのしんどさ」のほうが大きくなる。フルマラソンで一番キツい局面である。そこで思い出してほしいのは、走りのリズム・テンポだ。着地の度にくる衝撃も一定のリズムを刻むことで感覚的に凌げてくる。「痛いけど慣れる」ことだ。そして「ここまで来たのだからゴールするんだ！」という気力をもつことである。あきらめずにゴールした先に達成感と解放感が待っている、というイメージを強くもつことが、何よりも大切だ。フルマラソン完走最大のポイントは、本人の「気力」にかかっているのだ。

No.4

大会レースの参加方法

大会に参加するための方法や会場での過ごし方のほか、
全国各地のおすすめ大会をピックアップ！

大会の特徴や制限時間にも注目！

市民マラソンの大会は、いまや全国各地で開催されています。また、大会の情報も、ランニング専門誌はもとより、インターネットで検索するだけで、開催日、種目、制限時間、参加料金、申し込み方法、大会の特徴まで、事細かに情報が開示されているので、参加してみたい大会を選んで挑戦してみてください。

「コレは！」という大会が見つかったら、インターネットで申し込みすると、大会事務局から大会案内とゼッケンナンバー、またはエントリー通知が送られてきます。大会によっては事前にゼッケンナンバーカードを送ってきてくれる大会もありますし、大会前日にエキスポ会場で受け付けの際に交換してくれる大会もあります。現状では、後者の方が主流です。

受け付けを済ませるためにエキスポ会場へ行くと、ナンバーカードの交換だけでなく、お楽しみがいろいろ。大会スポンサーや地元の飲食店など、さまざまな出展ブースで賑わっています。大会の参加地域ならではの地場産品やオリジナルグッズなどを記念に手に入れるのもいいでしょう。

また、最新のランニングシューズやアイテムの展示もあるので、情報収集の場としても楽しめます。

申し込みまでの流れ

1. 大会情報を得る

全国各地で開催されている市民マラソン大会のほとんどが、WEB 上に情報を開示しているので、開催情報の入手は以前と比べて容易になった。かつてはランニング専門誌や新聞、主催者側が配布するチラシ、地域の掲示板くらいでしか情報を得ることができなかった。ランニング人口が増え、現在の市民マラソンブームにつながった一端もインターネットの普及によるものが大きいと言えるだろう。

2. 参加したい大会を絞る

いまの自分の走力や生活スケジュールをベースに、開催地、開催日、種目（フル、ハーフ、10K など）、制限時間、参加料金、コース情報、参加賞、完走賞の内容などを考慮して、出場する大会を絞り込んでいこう。また、一般公道を走る大会、山を走る大会、競技場内を走る大会、ウルトラマラソン大会、リレーなど、大会の種類も多様化しているので、それぞれの趣向に合った大会を楽しんでほしい。

3. 参加申し込みをする

申し込み方法も多様化している。いまではインターネットから申し込む方法が圧倒的だが、ハガキやコンビニなどで申し込む方法もある。また参加料金の決済方法も、カード決済、現金決済、金融機関からの振込などさまざまだ。申し込みが完了したら、大会事務局から開催案内が送付されてくる。中身は大会要項のほか、ゼッケンや記録用チップなど、当日の必須アイテムが同封されているので、忘れずにチェックしよう。

No.5

会場に着いたら行うこと

ここではレース会場に着いてから行うべき7つのことをチェック。

落ち着いてレースに臨むため、そして大会を大いに楽しむために、しっかり押さえておきましょう!

1. 更衣室探し

ランニングウエアに着替える場所を確保することが先決だ。多くの大会会場には、男女別に更衣室が設置されている。大会の規模が大きいほど混雑していることが多いので、速やかに着替えを済ませられるよう、アンダーウエアなどを予め着用して会場入りするのも一つの手だ。

2. 手荷物を預ける

着替えを済ませたら、「手荷物預り所」を探して荷物を預けよう。大会指定の袋にまとめ、ゼッケン番号と同じラベルを貼付することもある。ウエアやシューズのほか、レース中に小物や小銭・カード類、補給食などはポーチに移しておこう。大前提として必要最低限のもの以外は持参しないことをおすすめする。

3. 催し物や記念Tシャツを楽しむ

マラソン会場では、さまざまな催し物が開催されている。スポーツメーカーの新製品が並ぶ出展ブースのほか、開催地ならではの名物を味わえる出店、マッサージやテーピングを施してくれるブースなどさまざまだ。また、大会記念Tシャツを会場でゲットし、レース本番で着用してモチベーションを高めるのも良い。

4. 給水所やエイドを楽しむ

マラソン大会によって、給水所やエイドに並ぶものが異なることも、楽しみの一つ。水やスポーツドリンクの補給はもちろん大切だが、その土地の名物の食べ物を配っているところも多いので、エネルギー補給の際にぜひ試してみてほしい。

5. ステージを楽しむ

会場では、さまざまな出展ブースのほかに、ステージパフォーマンスが用意されている大会も多い。準備運動やストレッチをアドバイスしてくれたり、著名人や有名アスリートなどのトークショーやコースの攻略法なども聞けるので、チェックしておこう。

6. ボランティアと交流

マラソン大会の運営は、地元の方々をはじめとしたボランティアのサポートによって成り立っているケースが非常に多い。コース途中で玄関先から補給食を配ってくれていたりするケースも多く、そういった方々との交流もマラソン大会ならではである。また、完走サポートのためのペーサーの人と一緒に走るのも初参加の人には心強い。

7. 完走メダル

市民マラソンの醍醐味は、完走者全員にメダルが授与されること。それぞれが頑張った証として、あるいは次回、さらなる記録更新へのモチベーションとして、ゴール後には必ずゲットしよう。また、完走証の交換も忘れずに！

ビギナーにもおすすめ 全国のマラソン大会

2007年の東京マラソンを皮切りに、マラソンブームが一気に加速。
いまでは全国各地でフルマラソンが開催されています。

北海道

札幌マラソン（北海道）

北日本最大級のマラソン大会。真駒内セキスイハイムスタジアムをスタート・ゴールとしている。

日　時：毎年10月の第1月曜日

種　目：(1)ハーフマラソン（男子・女子）
(2)10㎞（男子・女子）
(3)5㎞（車イス、オープン）
(4)3㎞（中学生、小学生4～6年生、ファンペア）
(5)2㎞（小学生1～3年生、ファンペア）
(6)1㎞（車いすオープン）

参加資格：(1)ハーフマラソンは、高校生または16歳以上
(2)10㎞は、高校生または16歳以上
(3)5㎞オープンは、高校生または16歳以上
(4)3㎞ファンペアは、小学4～6年生と18歳以上の保護者2名1組
(5)2㎞ファンペアは、小学3年生以下と18歳以上の保護者2名1組

関東圏

東京マラソン（東京都）

東京で毎年行われるマラソン大会。日本陸上競技連盟が主催するフルマラソンの大会のひとつ。世界のトップランナーと多くの市民ランナーが参加するほか、芸能人なども多数参加する。男子の夏季オリンピック、世界陸上競技選手権大会、アジアの競技大会の代表選考会を兼ねている。

日　時：3月の第1日曜日

種　目：(1)マラソン（男子・女子、車いす男子・女子）
(2)10㎞（ジュニア&ユース・視覚障害者・知的障害者・移植者・車いすの各男子・女子）

参加資格：(1)マラソン（大会当日満19歳以上）
❶一般
・6時間40分以内に完走できる者
❷準エリート
・「RUN as ONE — Tokyo Marathon 2019」に定める推薦基準に達する者
❸エリート
・2018年度日本陸上競技連盟登録競技者で、別途定める参加基準に達する者
・招待選手（日本陸上競技連盟が推薦する国内・国外の者）
(2)10㎞（大会当日満16歳以上）
1ジュニア&ユース（大会当日満16歳から満18歳までの1時間30分以内に完

走できる者）

新宿シティハーフマラソン（東京都）

世界を代表する国際都市、新宿の都市景観や一体感を楽しむことができるハーフマラソン大会。明治神宮外苑からスタートし、新宿御苑のそばや新宿駅などを経由して、明治神宮球場に戻ってくるコースは、走りながら新宿の名所を巡ることができる。また、明治神宮球場を周回する部門もあり、老若男女問わずに参加できる大会である。

日　時：毎年1月下旬

種　目：(1)ハーフマラソン
(2)10㎞
(3)3㎞
(4)2㎞
(5)ファミリーラン（保護者1名＋小学生以下1名の2人1組で2㎞を走ります。競技1000組ではありません。）
(6)ファンラル（競技ではなく2㎞をゆっくり楽しむラン。小学生以上対象）
(7)スペシャルラン（球場内人工芝を150m。小学生・70歳以上・障がい者対象）
(8)ひよこ（保護者1名＋未就学児1名の2人1組で球場内を42・195m。ベビーカーによる参加はできない）

参加資格：(1)各種目を制限時間内で完走できる健康な方
(2)本要項の記載内容に同意する方
(3)ハーフマラソンおよび10㎞については高校生以上の方
(4)ファミリーラン・ファンラン・スペシャルランは介助用車いす（電動不可）での参加が可能です。（種目によらず、介助者と二人一組になる）

湘南国際マラソン（神奈川県）

スタート・フィニッシュは湘南発祥の地「大磯」。2万人以上のランナーが景勝地・湘南の海岸線を走る。小学生向けの2㎞から、一般向けの42・195㎞まで種目の設定も多く、「全世代、誰でも参加できる大会」を目指している。大会コンセプトに「すべての人がHAPPYになる日」を掲げ、秋口から大会前連動のリレーマラソン、ウォ―キングイベントも実施したり、大会の広告塔となる「女性」や「公式ソング」を公募するなど、多様な参画形態が特長でもある。

日　時：毎年12月第1日曜日

種　目：(1)フルマラソン
(2)10㎞（一般、ユース）
(3)2㎞（ジュニアユース、ジュニア、ファミリーラン親子）
(4)1.4㎞（ラン&ウォーク）

参加資格：(1)フルマラソン
満18歳以上の男女（高校生は除く）5時間45分以内で完走できる男女。車いす以外の障がい者等を含む。
(2)10㎞
【一般】
満18歳以上の男女（高校生は除く）車いす以外の障がい者を含む
2時間以内で完走できる男女
【ユース】
満16歳から満18歳以上の男女、車いす以外の障がい者を含む
2時間以内で完走できる男女
(3)2㎞
【ジュニアユース】
30分以内に完走できる中学校1年・2年・3年男女
【ジュニア】
30分以内に完走できる小学校4年・5年・6年男女
【ファミリーラン親子】
30分以内に完走できる保護者＋子（小学校1・2・3年男女）
※2㎞は大会当日、記録計測は行いますが、順位発表・表彰式は行いません。記録計測結果は、個人の参考記録として発表させていただきます。

横浜マラソン（神奈川県）

横浜・みなとみらいのまちや、横浜三塔などの観光名所、首都高速湾岸線などを走る大会。「する、みる、ささえる」すべての人が楽しめる市民マラソンを目指している。フルマラソンコースには、国内有数18か所の給水所を設置。各給水所ごとにランナーを元気づけるをコンセプトにした応援パフォーマンスを展開。また、横浜・神奈川の地元食品を中心に、時間と個数を限定した「ラッキー給食」などの企画も人気を呼んでいる。

日　時：毎年10月末頃〜11月上旬
種　目：(1)フルマラソン
(2)1/7フルマラソン（6・0278㎞）
(3)1/7フルマラソン（車いす）
(4)2㎞（車いす）
参加資格：(1)フルマラソン
・満18歳以上の男女。42・195㎞を6時間以内で完走できる方
(2)1/7フルマラソン
・満16歳以上の男女。6・0278㎞を50分以内で完走できる方

さいたまマラソン（埼玉県）

埼玉県の浦和周辺で開催される市民マラソン。国際陸上競技連盟のシルバーラベルロードレースに指定されている。「世界に挑戦する女性ランナーが羽ばたく大会となす」「未来をつくる子どもたちに夢と希望を贈る大会となす」「スポーツのまちに集うすべての人に健康と喜びをもたらす大会となす」などの大会趣旨がある。

日　時：毎年12月ごろ
種　目：(1)フルマラソン一般の部（男女）
(2)フルマラソン女子ビギナーの部
(3)親子ランの部（1.5㎞）
(4)1.5㎞の部
(5)2時間チームランの部
(6)8㎞の部
(7)車いすの部（1㎞）
参加資格：(1)フルマラソン一般の部（男女）
・大会当日満19歳以上の競技者で、号砲から6時間以内に完走できる男女
(2)フルマラソン女子ビギナーの部
・大会当日満19歳以上で、号砲から6時間以内での完走を目指す女性競技者
(3)親子ランの部
・小学生と保護者の2人1組
(4)1.5㎞の部
・小学4年生〜中学生の男女
(5)2時間チームランの部
・小学生以上の男女2〜6人で構成されたチーム
(6)8㎞の部
・15歳以上（中学生を除く）で70分以内に完走できる男女

アクアラインマラソン（千葉県）

千葉県木更津市で開催される市民マラソン。普段は走ることのできない、東京湾アクアライン（アクアブリッジ）を走れる。完走ランナーの中から抽選で海外交流マラソン大会（台北マラソン・高雄国際マラソン等）へ派遣もしている。スタートからフィニッシュまで沿道の応援が多いのも特徴のひとつ。

日　時：2年ごとの10月第3日曜日
種　目：(1)マラソン
(2)ハーフマラソン
(3)車いすハーフマラソン
参加資格：満18歳以上の男女の方。マラソンは5時間40分、ハーフマラソンは2時間50分までに完走できる方

手賀沼エコマラソン（千葉県）

「よみがえる手賀沼さわやかに走ろう」をキャッチフレーズに、毎年千葉県の柏市と我孫子市にまたがる手賀沼で開催されるマラソン大会。手賀沼を8の字に回るコースは比較的フラットで、距離もハーフマラソン程度で走りやすい。手賀沼の豊かな自然を見ながら走ることができる、人気のマラソン大会である。

日　時：毎年10月下旬
種　目：ハーフマラソン
参加資格：(1)日本陸上競技連盟登録者（登録の部

のみ）
(2)アマチュアの競技者で、本大会にエントリーされた方
(3)18歳以上の健康な方で、ハーフマラソンを2時間30分で完走出来る方

千葉マリンマラソン（千葉県）

千葉の海沿いを走ることができるマラソン大会。2019年12月の大会で44回目の開催となる、歴史のある大会である。ZOZOマリンスタジアムをスタートし、幕張メッセ、幕張海浜公園、稲毛海浜公園と、千葉市の名所を巡るコースとなっている。広くて平坦な道が多く、初心者でも好記録を狙うことができる。

日　時：毎年12月第1月曜日
種　目：(1)第1部（日本陸上競技連盟登記登録者ハーフマラソン）
・ハーフマラソン（男子・女子）
(2)第2部（市民マラソン）
・ハーフマラソン（男子・女子）
・10㎞高校生以上（男子・女子）
・2㎞ファミリー低学年の部
・2㎞ファミリー高学年の部
・2㎞視覚障害者の部（男子・女子）
参加資格：(1)第1部は、日本陸上競技連盟2019年（令和元年）度登記登録者
(2)ハーフマラソンに出場する者は、大会当日に満18歳以上

かすみがうらマラソン兼国際盲人マラソン（茨城県）

茨城県で開催される市民マラソン大会。2010年までは参加者数が日本で3番目に多く「日本三大市民マラソン」の1つとされていた。かすみがうらマラソンは、健常者・障がい者の壁を取り払い、互いに敬意をもって取り組む、独自性の高い大会運営を目指している。

日　時：毎年4月第4の日曜日
種　目：(1)フルマラソン
(2)5㎞
(3)10マイル
参加資格：3種目ともに高校生以上の健康な方

勝田マラソン（茨城県）

茨城県の中央部、ひたちなか市と東海村を巡るマラソン大会で、比較的規模の大きな市民レース。マラソンの部男女上位入賞者（若干名）を、選考基準によりボストンマラソンへ派遣している。町おこしの一環として参加者に「乾燥イモ」が配られる。

日　時：毎年1月最終日曜日
種　目：(1)マラソン（男子・女子）
(2)男子10㎞
(3)女子10㎞
参加資格：(1)日本陸上競技連盟登録者及び一般競技者
(2)国籍は問いませんが、高校生以上
(3)陸連登録者は、必ず申込書に登記登録番号と登録団体名を記入。また、本大会要項の定めに厳正に従う
(4)ランナーとしてのマナーを遵守する

中部圏

名古屋ウィメンズマラソン（愛知県）

「名古屋国際女子マラソン」が、2012年女性限定15000人参加のフルマラソンにリニューアル。ナゴヤドームをスタート・フィニッシュ会場とし、名古屋の様々な名所を廻るコースは、アップダウンも少なく、記録を狙いやすいと好評。名古屋ウィメンズマラソンでは、制限時間を7時間に設定。マラソン初心者でも充分完走できる大会となった。

日　時：毎年3月第2日曜日
種　目：フルマラソン
参加資格：(1)一般
・6時間30分以内に完走できる女性
(2)エリート
・フルマラソン3時間以内に完走できる女性
・日本陸上競技連盟が別途定める参加基準に達する女性競技者
・招待選手　日本陸上競技連盟が推薦する国内、国外の女性競技者

長野マラソン（長野県）

1998年の長野冬季オリンピックの感動を末永く国民の記憶にとどめ、地域のスポーツ、文化の発展とオリンピックムーブメントの広がりに寄与するため、翌99年の春に初開催された。オリンピック会場を巡るコースで開催されるフルマラソンの大会である。

日　時：毎年4月第3日曜日
種　目：フルマラソン
参加資格：(1)招待競技者
・日本陸上競技連盟及び主催者が推薦する国内外の競技者
(2)一般競技者
・2019年度日本陸上競技連盟登録者及び未登録者で、大会当日（2019年4月21日現在）満18歳以上の男女（高校生は除く）

近畿圏

大阪マラソン（大阪府）

東京マラソンをモデルとした大規模な市民参加型マラソン大会。日本国内の規模としては東京マラソンに次ぐ規模で、世界六大マラソンにも匹敵する大きな大会である。テーマはチャリティ。大阪城、難波、御堂筋、中之島、通天閣といった「なにわの名所」を凝縮したコースである。

日　時：10月または11月の日曜日
種　目：マラソン
(1)日本陸上競技連盟登録競技者
(2)日本陸上競技連盟に登録していないランナー
(3)車いす
参加資格：18歳以上
(1)個人
・日本陸上競技連盟登録競技者、日本陸上競技連盟に登録していないランナーは競技終了時刻までに完走できる者
(2)ペア（2人）、グループ（3〜7人）
・競技終了時刻までに完走できる者

篠篠山ＡＢＣマラソン（兵庫県）

世界遺産のまちである丹波篠山を走ることができる。ほのぼのとした風景が広がる。2ヶ所に名物の「しし汁」ふるまいのコーナーがある。完走メダルは伝統工芸の丹波焼で作られている。

日　時：3月第1日曜日
種　目：フルマラソン
参加資格：18歳以上（高校生除く）
・登録男子の部、登録女子の部……平成30年度日本陸上競技連盟登録者
・未登録男子の部、未登録女子の部……陸連未登録者

京都木津川マラソン（京都府）

2020年の開催で37回を数える歴史のあるマラソン大会。最大の特徴は制限時間が設けられていないことで、初挑戦でも安心して参加することができる。給水所などのサポート体制も充実しており、第1回の開催から一度も大きな事故を起こしていないという実績が誇らしい。美しい木津川添いを走ることができる、初心者にも安心の大会だ。

日　時：毎年2月上旬
種　目：(1)フルマラソン
(2)ハーフ
(3)5㎞
(4)3㎞
参加資格：小学生以上の健康な男女

北陸圏

金沢マラソン（石川県）

金沢の魅力を満喫できる7つのゾーンをめぐる回遊型コースを走ることができる。また五輪出場選手等が「大会ゲスト」や「ペースランナー」として参加しているのも魅力のひとつだ。フィニッシュ後には、石川名物をふんだんに使った「もてなし鍋」がふるまわれる。

日　時：10月末の日曜日
種　目：フルマラソン
参加資格：18歳以上で6時間45分以内に完走でき

る方
・登録の場合は日本陸上競技連盟登録競技者

中国圏

防府マラソン（山口県）

新人の登竜門として、その年最後の走り納めとして全国に名高い大会。シリアスランナーが多く、楽しむことを目的としたファンランナーは少ない。制限時間も短めなので、参加者の多くは自己ベスト更新を目指している。

日　時：毎年12月第2日曜日
種　目：マラソン
(1)男子の部
(2)女子の部
(3)IPC（国際パラリンピック委員会）登録の部
参加資格：18歳以上の日本陸上競技連盟登録競技者及び一般（日本陸上 競技連盟未登録者）競技者で、フルマラソン4時間以内、ハーフマラソン1時間33分以内での完走記録を持つ男女

九州圏

福岡マラソン（福岡県）

普段走ることのできない福岡の中心地・天神のど真ん中をスタートし、美しい海と山を感じながら糸島にフィニッシュ。都市から自然へと次々に変化していく風景、潮風や草花の香りは、ランナーを飽きさせず、気持ちよく走れるワンウェイコースとなっている。

日　時：毎年11月第2日曜日
種　目：(1)フルマラソン（登録の部、一般の部）
(2)車いす競技（5.2㎞）
(3)ファンラン（5.2㎞）
参加資格：(1)フルマラソンは18歳以上の方（高校生を除く）で6時間45分以内に完走できる男女
・登録の部は日本陸上競技連盟登録競技者のみ
(2)ファンランは50分以内に完走できる中学生以上の男女

別府大分マラソン（大分県）

1952年創立してから今に続く市民マラソン大会。日本三大クラシックレースのひとつともいわれている。これまで、谷口浩美や森下広一、足立知弥（いずれも旭化成）らが初マラソン初優勝を飾るなど、「新人の登竜門」と称されることも多い。

日　時：毎年2月の第1日曜日
種　目：フルマラソン
参加資格：(1)20歳以上で、フルマラソン3時間30分以内の記録を持つ男女の競技者
(2)持ちタイムや日本陸上競技連盟の登録などでカテゴリーを4つに分けて受け付ける。詳しくは大会公式HPを参照

いぶすき菜の花マラソン（鹿児島県）

日本で一番早い日本陸連の公認大会。アップダウンはあるが、九州最大の湖「池田湖」や、薩摩富士と称される「開聞岳」などの観光名所を走る眺めのいいコース。そして一足早く満開になった菜の花畑がランナーを応援してくれる。

日　時：毎年1月の第2日曜日
種　目：フルマラソン（陸連登録の部、一般の部）
参加資格：19歳以上で8時間以内に完走できる方（陸連登録の部は日本陸上競技連盟登録競技者のみ）

沖縄県

NAHAマラソン（沖縄県）

沖縄県内で最も大きな大会。平和祈念公園を中心とする、那覇市、南風原町、八重瀬町、糸満市、豊見城市の南部5市町を通る。コースは、緑豊かでのんびりとした沖縄本島南部。沖縄戦の傷跡が残っている場所である。

日　時：毎年12月第1日曜日
種　目：フルマラソン
参加資格：(1)国籍問わず健康な人
(2)16歳以上（大会当日）の男女（18歳

以下は保護者の同意が必要）
⑶アマチュア競技者で、本大会の正式エントリーを認可された人

おきなわマラソン（沖縄県）

沖縄の歴史と今を感じながら走るマラソン大会。ＮＡＨＡマラソンに並ぶほどの大規模な大会である。コースはアップダウンの連続で走りやすくはないが、初心者向けの完走講座があるなど、安心して走ることができる。途中、米軍基地を走り抜けることができるのも特徴のひとつ。

日　時：毎年2月第3日曜日
種　目：⑴フルマラソン
⑵10㎞ロードレース
参加資格：⑴本大会に正式エントリーをしたナンバーカード通知書を持つ16歳以上（大会当日現在）の健康な男女
⑵フルマラソン競技者は18歳以上の男女

ウルトラマラソン

サロマ湖100㎞マラソン（北海道）

世界一のウルトラランナーを決める大会として開催される大会。北海道最大の湖であるサロマ湖を舞台にして、外周70㎞＋常呂川土手の往復など30㎞で構成される。1993年の第8回大会からはＩＡＵ（国際ウルトラマラソン協会）が主催する「ＩＡＵワールドチャレンジ」に認定され、世界記録は男女共にこの大会ででている。1994年には当時のＩＡＵ会長から、「最も美しいコースで、万全の体制で運営される大会」と評された。

日　時：毎年6月下旬
種　目：⑴陸連登録者の部（100㎞）
⑵一般の部
・100㎞
・50㎞
参加資格：⑴2019年度日本陸上競技連盟の登録者及び未登録者
⑵100㎞を13時間以内、50㎞を8時間以内で完走できる走力を有する男女
⑶大会当日、19歳以上の男女
⑷外国人競技者

秋田内陸リゾートカップ100㎞チャレンジマラソン（秋田県）

秋田の自然を感じながら走ることができるマラソン。100㎞の完走証が杉版で出来ているなど、手作り感のある大会である。

日　時：毎年9月下旬
種　目：⑴100㎞
⑵50㎞

チャレンジ富士五湖ウルトラマラソン（山梨県）

富士五湖の周囲を走るウルトラマラソン。比較的アップダウンが少なく、他のウルトラマラソンに比べて難易度が低い。富士山を眺めながら走ることができるのも特徴の一つである。

日　時：毎年4月下旬、※2019年度は秋も開催（10月6日）
種　目：⑴ＦＵＪＩ　５ＬＡＫＥＳ（118㎞）（富士五湖全てを走るコース）
⑵ＦＵＪＩ　４ＬＡＫＥＳ（100㎞）（本栖湖をのぞく四湖を走るコース）
⑶ＦＵＪＩ　３ＬＡＫＥＳ（71㎞）（山中湖・本栖湖を除く三湖を走るコース）

星の郷八ヶ岳野辺山高原100㎞ウルトラマラソン（長野県）

標高1000ｍを超える山岳地で行われるウルトラマラソン。早朝から日中にかけての寒暖差が激しく、体温調節が一つの完走の鍵となっている。野辺山の豊かな自然を感じられるコースとなっている。また、大会参加者にはコース中の温泉の一部を無料で利用できるサービスがある他、給水所には地元のフルーツを提供する場所があり、ゴール会場では「信州そば」が振る舞われるなど、長野の良さを味わえる大会といえる。

日　時：毎年5月下旬
種　目：⑴100㎞
⑵71㎞
⑶42㎞
参加資格：大会当日、18才以上の健康な男女

飛騨高山ウルトラマラソン（岐阜県）

岐阜県高山市の観光名所を巡るウルトラマラソン。「小京都」とも呼ばれる飛騨高山の旧市街や、七夕岩など、普段は観光客の多い場所を走り抜けることができる。また、エイドも充実しており、給水所の半分以上で飛騨高山の特産品を用意している。

日　時：毎年6月第2日曜日
種　目：(1)100km
　　　　(2)71km
参加資格：大会当日18歳以上でフルマラソン完走経験のある健康な男女

丹後100kmウルトラマラソン（京都府）

丹後市の海岸沿いに100kmを走るウルトラマラソン。最高標高は400m程度と低いが、アップダウンが非常に多く、しっかりとした体力が要求される。海に面した鮮やかな景色を見ながら走る。

日　時：毎年9月中旬
種　目：(1)100km
　　　　(2)60km
参加資格：大会当日満18歳以上の健康な男女

四万十川ウルトラマラソン（高知県）

「最後の清流」として有名な四万十川流域を走るウルトラマラソン。沈下橋をはじめとした名所もコースに組み込まれている。フィニッシュサポーター制度が存在し、目標タイムに合わせたペースメーカーになってくれるので、初心者でも安心して完走を目指すことができる。

日　時：毎年10月中旬
種　目：(1)100km
　　　　(2)60km
参加資格：レース当日満18歳以上（高校生は除く）で各種目とも制限時間内に完走できる走力を有する者。

監修
ランナーズ・ウェルネス代表
24 時間マラソン・トレーナー

坂本《さかもと》 雄次《ゆうじ》

1947 年、神奈川県茅ケ崎市生まれ。東京電力陸上部の監督を 15 年務め、数々の名選手を育てる。現在、株式会社ランナーズ・ウェルネス代表。「湘南国際マラソン」「横浜マラソン」など多数の大会の企画、運営を手がけている。「24 時間マラソン」のマラソンプロデューサーとして、歴代のタレントを指導するだけでなく、市民ランナーの指導も行い、幅広く活動している。著書に、「なぜあなたは走るのか激痛に涙あふれてもなお」（日本テレビ出版）、「あなたもできるフルマラソン」（学習研究社）など。AIMS 公認距離計測検定員。国際スパルタスロン協会日本支部代表。一般社団法人日本ウルトラランナーズ協会（JUA）理事。

ランナーズ・ウェルネス

須藤《すどう》 一将《かずまさ》

東塚《とうづか》 菜実子《なみこ》

松竹芸能所属。愛知県出身。法政大学卒。フリーアナウンサーを経て、ラジオパーソナリティや番組レポーターとして活躍中。趣味・特技はランニング、ゴルフ、フットサル。資格は秘書検定 2 級、エコ検定、温泉ソムリエ。

株式会社ランナーズ・ウェルネス

ランニングプロデューサー坂本雄次のもと、各地のウルトラマラソン、「湘南国際マラソン」「横浜マラソン」やリレーマラソン等といった大会の企画・運営及びコンサルタント業務、スポーツ用品の販売及びスポーツ施設の運営を行っている会社。

〒259-0111　神奈川県中郡大磯町国府本郷 438
TEL：0463-70-6665 ／ FAX：0463-70-6266
http://www.r-wellness.com/

湘南国際マラソン

星の郷八ヶ岳野辺山高原
100km ウルトラマラソン

飛騨高山ウルトラマラソン

チャレンジ富士五湖ウルトラマラソン

制作スタッフ

編　集　ナイスク　naisg.com
　　　　松尾里央　岸 正章　所 貴美子　山本文隆
執　筆　染矢真帆　岩本勝暁
撮　影　小林 靖
デザイン　沖増岳二
イラスト　アドプラナ
協　力　株式会社ランナーズ・ウェルネス
　　　　東レ・オペロンテックス株式会社
　　　　株式会社ニューバランス ジャパン
　　　　ファイテン株式会社

初心者でも必ず上達する

ジョギング＆ランニング入門

2019年8月20日　初版第1刷発行

監　修　坂本雄次
発行者　滝口直樹
発行所　株式会社マイナビ出版
〒101-0003　東京都千代田区一ツ橋 2-6-3 一ツ橋ビル2F
電　話　0480-38-6872（注文専用ダイヤル）
03-3556-2731（販売部）
03-3556-2735（編集部）
URL　http://book.mynavi.jp

印刷・製本　株式会社大丸グラフィックス

※定価はカバーに記載してあります。
※落丁本・乱丁本についてのお問い合わせは、TEL0480-38-6872（注文専用ダイヤル）か、電子メールsas@mynavi.jpまでお願いいたします。
※本書について質問等がございましたら、往復はがきまたは返信切手、返信用封筒を同封のうえ、（株）マイナビ出版編集第2部までお送りください。

ISBN978-4-8399-6883-0